Journal of the Mediterranean Rim Studies

浙江外国语学院环地中海研究院（教育部高校国别和区域研究备案中心）主办

环地中海学刊
Journal of the Mediterranean Rim Studies

第 4 辑

马晓霖 ◎ 主编

浙江外国语学院环地中海研究院（教育部高校国别和区域研究备案中心）主办

当代世界出版社
THE CONTEMPORARY WORLD PRESS

图书在版编目（CIP）数据

环地中海学刊. 第4辑 / 马晓霖编. -- 北京：当代世界出版社，2025.7. -- ISBN 978-7-5090-1912-2

Ⅰ. D815. 9-53

中国国家版本馆CIP数据核字第2025GF9090号

书　　名：	环地中海学刊 第4辑
作　　者：	马晓霖 主编
出品人：	李双伍
策划编辑：	刘娟娟
责任编辑：	魏银萍　徐嘉璐
书名题字：	宣　勇
出版发行：	当代世界出版社
地　　址：	北京市东城区地安门东大街70-9号
邮　　编：	100009
邮　　箱：	ddsjchubanshe@163.com
编务电话：	（010）83907528
	（010）83908410 转 804
发行电话：	（010）83908410 转 812
传　　真：	（010）83908410 转 806
经　　销：	新华书店
印　　刷：	北京新华印刷有限公司
开　　本：	710 毫米×1000 毫米　1/16
印　　张：	14.25
字　　数：	173 千字
版　　次：	2025年7月第1版
印　　次：	2025年7月第1次
书　　号：	ISBN 978-7-5090-1912-2
定　　价：	79.00元

法律顾问：北京市东卫律师事务所　钱汪龙律师团队　（010）65542827
版权所有，翻印必究；未经许可，不得转载。

编 委 会

荣誉主任	周　烈
联席主任	车效梅　于殿利　马晓霖
编　　委	（按姓氏笔画排序）
	丁　俊　冯玉军　刘中民　刘林海　孙德刚
	李兴刚　李晓东　吴　磊　汪　晖　沈志兴
	张禄彭　郭长刚　曹笑笑　崔洪建　韩志斌

编辑出版	《环地中海学刊》编辑部
主　　编	马晓霖
副 主 编	车效梅　于殿利
执行编辑	李兴刚
编　　辑	曹笑笑　沈志兴　郭　筠　孙　瑱　张禄彭
	陈　岚　刘　彬
助理编辑	李振杰
编辑部地址	浙江省杭州市西湖区留和路299号融院C301
邮政编码	310023
电　　话	0571-87799044
电子邮箱	hdzhyj2021@163.com

目　录

历史与文明

3　比较视域下的中国与中东伊斯兰国家
　　现代化　　　　　　　　　　　　/ 韩建伟 /

29　16 世纪西班牙王室教育用书里的中国：
　　以太子菲利普教科书为例　　　　/ 李晨光 /

观念与思潮

45　结构、制度与规范：东地中海地区国际关系的
　　演变　　　　　　　　　　　　　/ 邹志强 /

74　环地中海学三大体系建设杂谈
　　——"环地中海学建设学术研讨会"纪要
　　　　　　　　　　　　　　　　　/ 李兴刚 /

政治与外交

93　从"授人以鱼"到"授人以渔"：中国对阿
　　拉伯国家医疗援助六十年　/ 贺凡熙　孙德刚 /

热点与治理

129　"阿拉伯之春"以来土耳其外交政策的转型
　　　表现　　　　　　　　　　　　/ 王佳尼 /

148　从伊朗加入上海合作组织看其"向东看"

1

战略　　　　　　　　　　　　　　/武桐雨/

外论选译

177　文化外交与软实力重构：摩洛哥的证据
　　/安德烈亚斯·伍斯特　卡塔琳娜·尼古拉　乔桂强（译）/

200　17—18世纪地中海与大西洋间的人员流动、网络建设和空间联系
　　　　　　　　　　/瓦伦蒂娜·法巴罗　刘冬（译）/

Contents

History and Civilization

3   The Modernization of China and Middle Eastern Islamic Countries from a Comparative Perspective   / Han Jianwei /

29   China in the 16th-Century Spanish Royal Educational Books: A Case Study of Prince Philip's Textbooks   / Li Chenguang /

Concepts and Trends

45   Structure, Institutions, and Norms: The Evolution of International Relations in the Eastern Mediterranean Region   / Zou Zhiqiang /

74   Miscellaneous Talks on the Construction of Three Major Systems of Mediterranean Rim Studies: Summary of the Academic Symposium on Mediterranean Rim Studies Construction   / Li Xinggang /

Politics and Diplomacy

93   From "Giving a Man a Fish" to "Teaching a Man to Fish": Sixty Years of China's Medical

Assistance to Arab Countries

/ He Fanxi Sun Degang /

Hotspots and Governance

129 The Manifestations of Türkiye's Foreign Policy Transformation Since the Arab Spring

/ Wang Jia'ni /

148 Iran's "Look East" Strategy: A Perspective from Its Accession to the Shanghai Cooperation Organization   / Wu Tongyu /

Translations of Foreign Discourses

177 Cultural Diplomacy and the Reconfiguration of Soft Power: Evidence from Morocco

/ Andreas Wüst Katharina Nicolai

Qiao Guiqiang (Translator) /

200 Personnel Mobility, Network Construction, and Spatial Connections Between the Mediterranean and the Atlantic in the 17th and 18th Centuries

/ Valentina Favarò Liu Dong (Translator) /

历史与文明

比较视域下的中国与中东伊斯兰国家现代化*

内容摘要：推进中国式现代化的目标要求加强中国与世界现代化进程的比较研究。本文以中东伊斯兰国家为案例，先后比较了中国与中东伊斯兰国家现代化的道路选择自觉、政治制度本土化创新、经济普惠包容性增长三项议题。本文认为，现代化道路是否具有自觉性是决定中国与中东伊斯兰国家现代化成败的关键因素，政治制度的本土化创新对政治现代化的平稳有序推进至关重要，而经济普惠包容性增长是政治稳定与可持续发展的物质基础。这三项议题是中国与中东伊斯兰国家现代化的共同关切，双方需要在求同存异基础之上加强交流与合作。本文试图超越西方现代化的话语偏见与视野局限，立足于中国与中东伊斯兰国家现

---

* 本文系国家社科基金重大项目"中东经济通史"（项目批准号：21&ZD246）的阶段性成果。

代化的客观实际，从双方现代化的比较中发现共性话语，加强现代化理念的交流与经验共享。

关键词：中国　中东　伊斯兰　现代化

作者简介：韩建伟，上海外国语大学中东研究所副教授。

党的二十大报告指出，"中国式现代化，是中国共产党领导的社会主义现代化，既有各国现代化的共同特征，更有基于自己国情的中国特色"。① 从中可以看出，中国式现代化是世界现代化进程的有机组成部分，与其他类型的现代化共同构成了世界现代化进程多样性与整体性的统一。当前，中国重视与其他国家围绕现代化加强发展合作与经验交流，这就使得中国式现代化与其他类型现代化的比较研究具有强烈的现实意义。学者们围绕中国式现代化的本质内涵、基本特征、生发动力、道路启示、时代价值、文明逻辑、世界意义等展开了诸多探讨，对中国与西方国家的现代化也作了较多比较，但仍缺乏有关中国式现代化与发展中国家现代化的比较案例分析。相较于西方国家，中国与发展中国家的现代化具有更多的共性，如都属于后发外源性现代化，都是尚在探索中的、未完成的现代化，都属于"并联式"现代化等。② 当前，深入厘清中国与某类发展中国家现代化的异同，有助于在经济合作的框架下，进一步扩大双方在现代化道路、理念与路径等方面的交流，有利于中国式现代化思想的对外传播。

从比较对象来看，中国式现代化既可以与某一国的现代化作比较，也可以与某一具有整体文化属性的区域的现代化作比较，如中东伊斯兰国家现代化。中东地区因民族、宗教、部落及殖民

---

① 习近平：《高举中国特色社会主义伟大旗帜　为全面建设社会主义现代化国家而团结奋斗——在中国共产党第二十次全国代表大会上的报告》单行本，北京：人民出版社，2022年版，第22页。

② 任仲文：《何为中国式现代化》，北京：人民日报出版社，2022年版，第55—57页。

遗产等因素的影响分化为大小不等的 20 多个国家，但绝大多数国家拥有共同的伊斯兰文化，有统一的历史且都遭受过被殖民统治，这使得这些国家的现代化进程有相似的主题与关切。因此，深化对中国式现代化与中东伊斯兰国家现代化的比较研究，有助于增进对两种现代化中的共性问题的认识，拓展共同关心的话题，从而进一步深化合作。

一、既有研究及中国与中东伊斯兰国家现代化的比较议题

改革开放之后，现代化理论作为舶来品传入中国，其理论、范式、概念逐渐被吸收借鉴，并呈现出多学科交叉融合的特征。早期现代化研究主要体现为中国学者对本国及其他国家现代化的初步认识及知识框架的建立。中国的现代化研究从一开始就表现出独立的文化观及价值取向，对中国及世界其他国家的现代化研究体现出尊重其本土历史文化、不唯西方现代化为尊的理性自觉。以罗荣渠先生为代表，他将中国现代化放在世界现代化进程、第三世界现代化进程、东亚现代化进程等多层次的比较视野下，重视文化基因对中国现代化独特性的塑造作用，展示了中国学者在现代化研究上的自觉意识。[①] 但随着专注于具体国家及区域的现代化研究的兴起，不同国别、区域的现代化研究之间形成了无形的壁垒，使得跨区域的比较现代化研究日渐势微。近年来，随着中国式现代化概念的提出，学界又掀起了比较现代化研究的热潮。

相对而言，国内学界已经对中国式现代化与西方现代化作了较多比较，其通常涉及的主题是：中国式现代化与西方现代化存

---

① 罗荣渠：《现代化新论：世界与中国的现代化进程》，北京：北京大学出版社，1993 年版。

在哪些差异？中国式现代化在哪些方面超越了西方现代化？黄民兴、马超对九种西方代表性现代化模式作了细致比较，揭露了西方现代化本质上是一个"血与火"的暴力过程，而中国式现代化在很多层面都实现了对西方现代化模式的超越。[①] 王增智认为，中国式现代化成功证伪了西方现代化模式的唯一性，"解构了西方现代化意识形态之魅，丰富了对现代化的认识"。[②] 欧阳康认为，世界现代化由最初的西欧模式、北美模式、苏东模式，逐渐衍生出东亚模式、拉美模式，而中国式现代化突破了西方现代化的价值二重性，代表着世界现代化进程中的中国发展道路。[③] 张浩、邹志鹏认为，与西方现代化相比，中国式现代化体现了人民性、超越性与自主性，为发展中国家走向现代化拓宽了路径。[④]

可以看出，中国式现代化与西方现代化的比较思路通常是寻找差异，但与发展中国家现代化的比较研究通常更侧重于寻找共性问题，目的是增进相互了解与合作。从中国视域构建与中东伊斯兰国家现代化的比较框架，实际上是根据中国式现代化的历史经验来反观中东伊斯兰国家现代化，找到两类现代化的共通之处，同时跳出西方现代化的话语偏见与视野束缚。西方一直认为自身现代化模式具有普世性，忽视其他国家及地区现代化进程的多样性与复杂性。超越西方现代化视域的束缚，尊重人类历史文明的多样性与现代化进程的多维性，是设置中国式现代化视域下比较议题的应有内涵。在具体操作层面，需结合不同比较对象的特点，综合双方的核心关切及共有话题进行设置。

---

① 黄民兴、马超:《论中国式现代化的世界历史意义》，载《西北大学学报（哲学社会科学版）》，2023年第1期，第5—22页。
② 王增智:《中国式现代化的世界历史意蕴及其意义》，载《福建师范大学学报（哲学社会科学版）》，2022年第3期，第13—20页。
③ 欧阳康:《世界现代化历程与中国式现代化新道路》，载《决策与信息》，2022年第9期，第5—18页。
④ 张浩、邹志鹏:《在比较中彰显中国式现代化道路的优越性》，载《贵州社会科学》，2022年第1期，第11—18页。

以中东伊斯兰国家为例,其现代化进程的核心问题主要有三点:现代化道路选择自觉性问题、政治制度本土化创新问题、经济普惠包容性增长问题。这三个核心问题既关系到中东伊斯兰国家现代化的成败,也是中国式现代化进程中的重要问题。

第一,道路选择自觉构成了中国与中东伊斯兰国家现代化的比较基础。中国与中东伊斯兰国家都面临西方现代化的压倒性先发优势,在现代化道路上存在是以模仿为主还是坚持自主性的选择问题。中国与中东伊斯兰国家都是文明古国,有悠久灿烂的历史文化遗产,在现代化转型中,都面临着外来模式对本国传统的挑战。如中国以儒家思想为代表的传统文化,在现代化进程中一度遭到否定,但在过去40余年中,包括儒家思想在内的中华优秀传统文化得到弘扬,且与马克思主义思想精髓相贯通,推进了马克思主义中国化时代化,共同构建了中国式现代化道路的理论与实践自觉。中东伊斯兰国家现代化的核心主题是如何对待伊斯兰教传统文明的问题。上千年来,伊斯兰教已经与大部分中东国家的政治制度、价值观念、社会结构、文化范式深度融合,因此,当这些国家不同程度地引入外来现代化模式时,如何面对并处理伊斯兰文明遗产体现着其现代化道路选择的自觉性。"中东是伊斯兰文明的中心地区,而伊斯兰文明的特点是它强烈的政治性和伊斯兰精神深入到社会体制和社会生活之中。改革运动都要环绕着伊斯兰教而显示出它的政治分野。"[①] 中东伊斯兰国家对待伊斯兰教与现代化关系的态度,深刻影响着各国现代化的命运,这在本质上是现代化道路选择自觉性的体现。

第二,政治制度本土化创新奠定了中国与中东伊斯兰国家现代化比较的政治基础。西方现代化理论习惯从非西方国家缺乏民主制度的角度来推导其政治不稳定的原因,但中国与中东伊斯兰

---

① 彭树智:《文明交往论》,西安:陕西人民出版社,2002年版,第305页。

国家都有悠久的文明发展历史，政治现代化进程中如果照搬西方模式或某一外来模式，易面临水土不服的困境。实践证明，中国与中东伊斯兰国家政治制度的现代化转型都体现出结合自身国情的特征，融合了本土传统与现实需要等多重因素。中国式现代化是中国共产党领导的社会主义现代化，证明了不实行多党轮流执政、以政治协商为特色的中国现代政治制度具有强大的活力。中东伊斯兰国家在现代化进程中形成了形态各异的政治制度，其治理效果的差异主要取决于政治制度是否在充分尊重本国历史文化传统的基础上结合现实需要进行创新，政治制度是否具有更强的包容性、公正性并得到大多数国民的认可。

第三，经济普惠包容性增长是中国与中东伊斯兰国家现代化比较的经济基础。普惠包容性增长是2007年由亚洲基础设施投资银行提出的经济发展概念，其不仅指经济增长速度，也指经济增长方式，主要目的是通过构建公正、平等的投资环境及创造生产性就业机会来实现经济的可持续增长与繁荣，最终达到减贫目的。[①] 普惠包容性增长理念虽然受到越来越多的重视，但是当前，真正实现普惠包容性增长的国家并不多，特别是在中东伊斯兰国家，经济增长是否具有普惠包容性通常关系其政治稳定。实际上，提升经济的普惠包容度是当前大部分中东伊斯兰国家推进现代化的迫切需求。中国在现代化进程中坚持共同富裕理念，在建设普惠包容经济上进行了可贵的、富有成效的探索，但同时面临一些挑战。这使得进一步建设普惠包容性经济成为中国与中东伊斯兰国家现代化的共有议题。

这三项有关现代化的比较议题是中国与大部分中东伊斯兰国家都需要深入思考及进一步解决的问题，构成了双方现代化比较

---

① Elena Ianchovichina and Susanna Lundstrom, "Inclusive Growth Analytics: Framework and Application", https://documents1.worldbank.org/curated/en/771771468180864543/pdf/WPS4851.pdf.

的重要方面。这同时是一个开放性的比较框架，其内涵可结合双方的现代化实践而进一步丰富。

二、道路自觉是中国与中东伊斯兰国家现代化的本质要求

道路代表着方向，现代化道路自觉体现为一个国家或民族对"自己是谁"及走什么样现代化道路的理性认知。在西方现代化的先行示范与压力下，大部分后发现代化国家都曾经以西方为改革蓝本，但遭遇了不同程度的挫折。这也促使很多国家重新选择现代化道路，并促进了其选择适合自身的现代化道路自觉意识的觉醒。

罗荣渠认为，中国的现代化意识经历了"中体西用""西化""中西互补"的阶段性变化。[①] 这深刻总结了中国的现代化道路自觉意识的生成与进路。鸦片战争之后，中国有识之士发起洋务运动，学习西方先进技术但未触及封建王朝的根本制度，是为"中体西用"；19世纪末的戊戌变法志在全面效仿西方现代化模式，但遭遇了挫折，是为"西化"的尝试。但中国人对西方现代化模式"顶礼膜拜"的时间并不长。在新文化运动后期，以梁启超为代表的知识分子就主张用中华文明"补助"西洋文明。孙中山则"一贯主张把中国固有文明与近代西方新文明结合，才能使中国'驾乎欧美之上'"。[②] 因此，从20世纪20年代开始，中国的有识之士就已经开始从自身文化属性与身份认同出发思考中国的出路。但在新中国成立之前，中国没有实现独立，现代化道路自觉意识缺乏现实能力的支撑。只有以毛泽东同志为主要代表的中国共产党人创造性地将马克思主义基本原理与中国具体实际相结合

---

① 罗荣渠：《现代化新论——世界与中国的现代化进程》，上海：华东师范大学出版社，2013年版，第285页。
② 同①，第291页。

并成立了新中国后,中国式现代化才具备了现实基础。

虽然新中国成立后一度全面学习苏联现代化模式,但中国逐渐认识到,任何一种外来模式如果不同本国具体实际相结合,都不会成功。以邓小平同志为主要代表的中国共产党人推动改革开放,首次提出要建设"中国式的现代化"。这被视为反急躁冒进、反照搬西方经验的理论概括。① 在改革开放时期,中国式现代化的道路自觉意识逐渐清晰,既不盲目学习外来模式,也不排斥借鉴其他国家现代化的经验教训,同时重视从本国历史文化传统中找寻认同并将其与马克思主义基本原理进行结合转化,融会贯通为独树一帜的现代化新文明,最终形成了兼容并蓄、开放进取且富有创新精神的现代化模式。党的二十大报告表明,"坚持和发展马克思主义,必须同中国具体实际相结合";"坚持和发展马克思主义,必须同中华优秀传统文化相结合"。② "两个结合"在本质上解释了中国式现代化为何不同于他国现代化,阐述了中国式现代化具有的高度的自觉。

现代化是否具有道路自觉对中东伊斯兰国家同样至关重要。因毗邻欧洲,中东伊斯兰国家开启现代化的时间较早,但其现代化进程曲折复杂,现代化模式基本都属于混合型。西方现代化与苏联社会主义现代化都曾对这一地区产生影响,但都没有令该地区全盘西化或者走社会主义道路,这表明伊斯兰教传统文明及每个国家的特殊国情发挥着重要作用。但迄今很多国家仍然徘徊在宗教与世俗、西化与本土化的两难选择之中,对现代化道路缺乏成熟的认知。按照伊斯兰教融入现代化的不同方式,中东伊斯兰

---

① 文世芳:《"中国式的现代化":邓小平"有中国特色的社会主义"和"小康"思想的发轫》,载《北京党史》,2018 年第 2 期,第 44 页。
② 习近平:《高举中国特色社会主义伟大旗帜 为全面建设社会主义现代化国家而团结奋斗——在中国共产党第二十次全国代表大会上的报告》单行本,北京:人民出版社,2022 年版,第 17—18 页。

国家现代化大致可分为三类：

第一类是将伊斯兰教视为现代化的对立物，试图全面世俗化并彻底取代伊斯兰教。如土耳其凯末尔改革、伊朗巴列维改革、阿富汗阿马努拉改革，都效仿西方现代化道路，以世俗化为基本特征。① 另外，突尼斯的早期现代化也属于全面世俗化类型，但突尼斯不是效仿西方现代化模式，而是效仿苏联走宪政社会主义道路。时任突尼斯领导人布尔吉巴打击宗教势力、没收宗教地产、关闭宗教学校，被称为"突尼斯的阿塔图克"。②

第二类是将伊斯兰教与外来模式相调和，试图形成适合本国国情的模式，以阿拉伯社会主义模式为代表。阿拉伯社会主义思潮产生于20世纪上半叶，并在二战后蔚然成风。二战后，不少新生的阿拉伯国家受到苏联的影响，对社会主义道路产生向往，且认为其与伊斯兰教并不矛盾。但"阿拉伯社会主义并不是科学社会主义，而是一种思想成分复杂的特殊的社会主义理论，主要由阿拉伯民族主义、伊斯兰传统和科学社会主义的个别原理组成"。③ 这些国家在坚持真主绝对信仰的前提下，对社会主义理论中主张公平、正义的思想产生共鸣，甚至认为社会主义的根源在于伊斯兰教。代表性的如埃及纳赛尔社会主义、叙利亚和伊拉克复兴社会主义、阿尔及利亚自管社会主义、利比亚卡扎菲伊斯兰社会主义等。

第三类是海湾君主国现代化模式。以沙特阿拉伯为例，"固有的宗教地域特征决定了它必须把伊斯兰教作为立国之本"。④ 其他海湾君主国独立后，也坚持伊斯兰教对民族国家建构及社会伦

---

① 彭树智：《二十世纪中东史》，北京：高等教育出版社，1992年版，第81—97页。
② 李竞强：《突尼斯的阿塔图克——论哈吉卜·布尔吉巴对现代突尼斯的塑造与贡献》，载《丝绸之路》，2010年第14期，第104—106页。
③ 彭树智主编，王铁铮、黄民兴等著：《中东史》，北京：人民出版社，2010年版，第399页。
④ 同③，第392页。

理价值塑造的基础性作用,并在油气资源的高收入基础上形成了伊斯兰-石油现代化模式。该模式本质上体现了部分中东国家现代化的物质基础与本土文化内核实现了有机融合。

从现代化实践的效果来看,前两类现代化模式大多在某一阶段出现动荡、断裂或急剧反转,而对伊斯兰教否定越彻底的国家,其现代化进程中发生伊斯兰复兴运动的可能性越大。"伊斯兰复兴运动实际上是反对把西方现代化的模式奉为圭臬,主张走伊斯兰特色的现代化之路。"[1] 凯末尔去世后,土耳其开始探索向西方多党民主制转型,但引起了党派之间的恶性竞争,导致政坛动荡、经济出现危机,不仅多次引发军人干政,而且唤起了民众的伊斯兰情结,使得伊斯兰政党逐渐走入政坛中央,土耳其开启了宗教与世俗共存的现代化模式。[2] 伊朗巴列维王朝全盘效仿西方的"白色革命"和独裁统治,最终葬送了王朝统治并建立了现代伊斯兰神权政体。[3] 伊斯兰革命使得伊朗现代化完全转向"伊斯兰模式"。阿富汗的西化改革也很快失败,并为极端伊斯兰主义的滋生提供了土壤。同样,在以世俗化推动现代化改革的突尼斯,其伊斯兰复兴运动自20世纪60年代开始酝酿并对其政治转型产生了长期的影响。

由于对社会主义理念缺乏真正的了解,那些推行阿拉伯社会主义模式的国家的现代化实践大多与理念发生严重脱节。埃及、伊拉克、叙利亚、利比亚等国一度推行以国有化、土地改革为代表的社会经济政策,其初衷是通过加强国家对社会经济的控制与再分配,实现公平、公正的利益分配格局,这被称为"全能型国

---

[1] 刘小芳:《伊斯兰复兴运动对中东现代化进程的排拒和促进作用》,载《科教文汇(上旬刊)》,2007年第1期,第174页。

[2] E. Fuat Keyman, "Modernization, Globalization and Democratization in Turkey: The AKP Experience and Its Limits", *Constellations*, Vol. 17, No. 2, 2010, pp. 312-327.

[3] 刘中民:《巴列维王朝时期的伊朗民族主义与伊斯兰教——从民族主义与伊斯兰教的关系看伊朗伊斯兰革命的深层原因》,载《宁夏社会科学》,2008年第3期,第78—83页。

家治理模式"。① 但是，国家无孔不入的控制与领导人魅力型政治塑造了高度威权的政治体制，使得新的政治精英与民众之间重新形成巨大的不平等。而国家主导所导致的经济低增长、低效率、腐败、普遍贫困等问题，限制了经济发展的创造力与活力。因此，这些国家在 20 世纪八九十年代后纷纷放弃国家主导而转向市场主导，推行私有化改革并实施对外开放，但在转向对外开放后，它们对西方主导的国际体系的依附性重新加强。"这些选择'民族主义发展道路'以及某类社会主义发展道路的国家，基本上在经济和政治体制上模仿了苏联式社会主义的一些做法，但它们从来也没有真正脱离过资本主义的发展轨道，也没有真正摆脱过资本主义世界体系。"② 因此，这些中东伊斯兰国家在现代化道路选择上具有一定的不成熟性、依附性特征。

但以海湾君主国为代表的第三类国家，却在动荡多变的中东地区保持了长期稳定。概括而言，支撑海湾君主国现代化进程平稳推进的因素主要有两个：一是石油地租型的经济发展模式，二是始终自觉地将伊斯兰教融入现代民族国家构建。这些国家在选择性借鉴了某些西方现代化元素的同时，一直将伊斯兰教作为立国根基，并充分发扬了伊斯兰教中的积极因素，使得伊斯兰教与现代化保持和谐融洽的关系。海湾君主国的现代化模式也证明将伊斯兰教视为现代化对立物的观点从根本上是错误的。换句话讲，采用海湾君主国现代化模式的国家倾向于认为伊斯兰教具有其无法剥离的文化属性与身份认同，因此在现代化模式的选择上更具道路自觉。

综上所述，是否具有足够的道路自觉对一国现代化的成败至

---

① 韩志斌、李铁：《"阿拉伯社会主义"国家治理模式探究》，载《西亚非洲》，2015 年第 4 期，第 30—31 页。
② 陈万里等：《二战后中东伊斯兰国家发展道路案例研究》，银川：宁夏人民出版社，2015 年版，第 18 页。

关重要。通过比较发现，中国与中东伊斯兰国家现代化都曾受到外来模式的影响，但结果并不相同。中国式现代化以马克思主义为指导思想，在不断推动马克思主义中国化时代化，以及与中华优秀传统文化和中国具体实际相结合的基础上实现了创造性转化与创新性发展。中国式现代化的道路自觉还体现为：在兼收并蓄世界各现代化模式有益经验的同时，始终坚持以我为主、为我所用，最终完成"中国式"的适应性转化。而除海湾君主国在油气资源基础上能够保持现代化道路选择的自觉意识与能力外，大部分中东伊斯兰国家的现代化道路自觉还不够成熟。一些国家对伊斯兰文明及其精神遗产的认知存在偏差，或完全否定，或试图全面恢复；与此同时，对外来模式的理解不够深入，导致伊斯兰教与外来模式的嫁接难以契合本国实际。这导致一些中东伊斯兰国家的现代化进程跌宕起伏，不仅易发生剧烈转型，且长期受制于西方主导的国际体系，进而造成其在现代化进程中屡遭挫折。

三、政治制度本土化创新是中国与中东伊斯兰国家现代化的共同诉求

世界现代化进程本质上是多元的，各国政治制度的现代化建设必须契合本国国情。西方现代化理论通常无法解释非西方国家政治制度的演变逻辑。以"阿拉伯之春"为例，西方学界惯用民主转型范式对其进行成效评判；而部分中东伊斯兰国家在实现经济增长后，却未依循西方路径发展出代议民主制，这一现象同样超出了西方现代化理论的解释范畴。①

中国与中东伊斯兰国家的政治制度现代化都呈现出基于本国

---

① Kunihiko Imai and Aysegul Keskin Zeren, "Democracy in the Middle East: Arab Spring and Its Aftermath", *International Journal on World Peace*, Vol. 34, No. 2, 2017, p. 35.

国情的独特性，进而凸显了政治制度的差异性。新中国成立后，民主集中制作为根本组织原则和领导制度被确立起来。改革开放以来，以民主集中制为核心的政治制度不断发展与完善。事实上，中国立足自身国情探索形成了独具特色的现代政治制度。党的二十大报告将发展全过程人民民主作为中国式现代化的本质要求之一，从理论层面对其作出全面总结并提出完善路径。全过程人民民主的思想渊源主要包含三个方面：马克思主义民主观、中华优秀传统文化中的民本思想及中国古代民主政治思想与实践。① 全过程人民民主是中国共产党带领中国人民在遵循社会主义民主本质要求的基础上，通过弘扬中华优秀传统文化中民本思想、协商传统、重民参与理念，与马克思主义民主观深度融合，并实现对西方民主模式的批判性超越。②

中国的政治制度以本国国情为基础，兼顾民主与集中，形成了包容性的政治架构，对维护现代化进程中的政治稳定发挥了十分重要的作用。中国经验对观察中东伊斯兰国家的政治制度也有启发意义。在中东伊斯兰国家有一个独特的现象，即大多实行共和制的国家，尽管有民主的机构及宪法，允许政党的存在，设立议会，制定宪法，实行民主选举，在形式上建立了与西方国家相似的民主政体，事实上却是威权政体或偏威权的混合政体。纳赛尔时代以来的埃及、阿萨德家族统治下的叙利亚、萨达姆时代的伊拉克、卡扎菲时代的利比亚、萨利赫时代的也门、布尔吉巴及本·阿里时代的突尼斯等都属于此类。这些国家的现代化发展到一定阶段时，基本上都出现了政治动荡或政权更迭。其中原因很复杂，有的国家受制于深厚的威权主义传统，如埃及；有的国家

---

① 张锦花：《思想渊源·理论逻辑·价值向度：全过程人民民主的多维阐释》，载《西藏发展论坛》，2023年第1期，第27—28页。
② 孙越、刘焕明：《全过程人民民主的三重维度研究》，载《学习与探索》，2022年第11期，第27页。

因部落政治因素影响深远，导致民主制难以实现国家整合，如利比亚、也门；有的国家因少数教派主导统治引发合法性危机，最终促使统治者选择集权，如叙利亚、伊拉克。大部分国家经济发展水平落后，限制了民主机制的发展完善，使得民主制基本沦为形式。"后发国家的威权政治大多出现在各国现代化的初级阶段，主要通过经济发展绩效向民众'购买'合法性，议会、选举等制度设施充当了高度集权的民主外衣。"① 因此，缺乏有效、包容、真实的民主政治是导致中东共和制伊斯兰国家政局动荡的重要因素之一。

在中东共和制伊斯兰国家中，土耳其、伊朗的政治体制相对完善。土耳其在二战后向多党民主制转型，已经建立了比较稳定的政党选举制度。长期执政的伊斯兰主义政党——正义与发展党将自身定位为"民主保守党"，在积极推进民主化进程的同时，寻求宗教与世俗间的平衡。② 但该党长期执政使得总统埃尔多安建立了魅力型个人政治，增加了土耳其政治的威权色彩。伊朗在伊斯兰革命后建立了共和国与民主机构，这并不是来源于西方民主思想，而是"通过利用伊斯兰教传统的'舒拉'（协商）和'伊智提哈德'（公议）原则，实行伊斯兰民主框架下的三权分立和总统选举制度"。③ 但因最高宗教领袖及其直属机构的权力明显高于民选的总统与议会等世俗机构，因此，伊朗政体的威权色彩要强于民主政治色彩。因此，土耳其、伊朗均属于偏威权的混合政体。

另一类是海湾君主制国家模式。海湾君主国能够实现政治稳

---

① 王猛：《阿拉伯国家剧变与"威权政治"》，载《现代国际关系》，2011 年第 7 期，第 39—46 页。
② 王林聪：《论正义与发展党执政下的土耳其"民主模式"》，载《西亚非洲》，2009 年第 8 期，第 20—25 页。
③ 刘中民：《拉夫桑贾尼时期的伊朗改革述评——兼论伊朗保守与改革力量轮替的政治钟摆效应》，载《中东研究》，2020 年第 2 期，第 83 页。

定,并非仅因坐享石油收入,其结合自身国情推进的政治制度改革也发挥了重要的作用。

沙特通常被视为中东最保守的国家,但实际上是"伊斯兰咨议君主制国家",国王及沙特家族虽然拥有特权地位,但其权力受到限制,国家大事通常需要由国王、王室长老委员会、最高宗教会议集体讨论决定。① 沙特在政治制度的现代化改革中,重视发扬伊斯兰协商议事传统。1933年,沙特协商会议在原国王咨询小组基础上成立,至今已经发展成该国最重要的政治机构之一。沙特协商会议由国王任命的150名议员组成,四年一届,在制定法律、商议重大决策及向政府提供建议方面发挥了重要作用,是沙特民主的重要体现。② 除了沙特,其他海湾君主国也不同程度地推进政治体制改革。阿联酋是君主国中唯一的联邦制国家,为了确保各加盟部落的平等,阿联酋发扬部落时代的"帐篷民主"遗风,建立了由七个酋长国酋长组成的联邦最高委员会,协商决定国家重大事务;同时完善民意表达渠道,让民众充分表达意见、直接参政议政。③ 近年来,卡塔尔推进政治改革,三分之二的协商会议人选由公民直接选举产生。④ 卡塔尔前国王哈马德曾多次表示,不会照搬西方民主制度,要打造具有"卡塔尔特色"的民主,这在本质上体现了伊斯兰协商议事传统。⑤ 相比之下,阿曼的政治体制带有较强的威权色彩,素丹拥有至高无上的大权。但从卡布斯国王开始,阿曼也以伊斯兰协商议事传统塑造

---

① 王铁铮:《沙特阿拉伯的政治体制及其变革》,载《西北大学学报(哲学社会科学版)》,1995年第4期,第54—55页。
② 罗朝明、肖春艳:《中外协商咨议机构的丰富实践及其基本经验》,载《湖北省社会主义学院学报》,2015年第1期,第28页。
③ 钟志成:《中东国家通史:海湾五国卷》,北京:商务印书馆,2007年版,第317—332页。
④ 丁隆:《卡塔尔议会选举:海湾政治转型的里程碑》,载《世界知识》,2021年第18期,第60—61页。
⑤ 同③,第284页。

"参与性政治",扩大民众的政治参与空间。① 这些国家政治现代化的共同特点是,在维护统治家族地位的前提下,逐渐向普通民众开放参政议政空间。但并非所有海湾君主国的政治现代化实践都很成功。如,科威特是君主国中最早实施民主制的国家,但其议会内派系对立,政府经常面临组阁困境。② 反对派逐渐成为挑战统治家族权威的力量,使得民主制成为国家的分裂因素。但总体来讲,海湾君主国的政治现代化实践带有浓厚的部落主义、伊斯兰主义色彩,却因适应本土化而在传统与现代之间形成了和谐关系,从而对其政治稳定发挥了重要作用。

由此看出,在中东伊斯兰国家的现代化进程中,在"嫁接"西方民主制的过程中通常会变形走样,基本形成了共和制国家不够民主、君主制国家的政治制度却更具包容性和公正性的格局。相比之下,在"阿拉伯之春"中发生政权更迭的部分国家一度以西方民主制作为改革目标,但是民主转型过程中,其中央政府权威弱化,最终不得不实行"再集权化"。③

总之,中国与中东伊斯兰国家都根据本国现代化需求对政治制度作了不同程度的创新性改造,但是否适应本国国情决定了政治改革能否成功。比较而言,中国的政治现代化道路体现了协商民主与集中统一的有机结合,在本土化基础上对政治体制进行了较大的创新,也较好地处理了活力与秩序的关系;而一些中东伊斯兰国家的政治体制尚在探索之中,一方面体现为西方民主制架构不符合这些国家的基本国情,另一方面体现为伊斯兰协商议事传统与部落文化中的民主协商和公正精神并没有真正融入这些国

---

① 韩志斌:《阿曼"参与型政治"的发展》,载《西亚非洲》,2008年第8期,第48—53页。
② 钟志成:《中东国家通史:海湾五国卷》,北京:商务印书馆,2007年版,第179—183页。
③ 田文林:《衰朽与动荡:"阿拉伯之春"十周年反思》,载《国际论坛》,2021年第3期,第3—17页。

家的现代政治体制，使其政治体制呈现不稳定的特征。从政治发展角度来讲，中国与中东伊斯兰国家的政治体制都需要结合现代化的需要持续改革与创新，因此双方围绕现代政治体制模式的交流有其意义与价值。

四、经济普惠包容性增长是中国与中东伊斯兰国家现代化的共同目标

当今世界的贫富鸿沟总体上还在进一步拉大，这既表现在不同区域之间、国家之间，也体现在一国之内不同阶层之间。经济能否实现普惠包容性增长关系到政治稳定。中国式现代化是促进经济普惠包容性增长的代表性案例，而在中东伊斯兰国家，经济增长是否具有普惠包容性尤具政治敏感性。

中国式现代化是在经济基础相对薄弱的条件下，通过先富带动后富的路径，基于按劳分配为主体、兼顾效率与公平的原则发展起来的。一方面，经济持续高速增长积累了物质基础，为共同富裕创造了条件；另一方面，中国不断深化细化社会再分配体制改革，推动经济发展成果更广泛、更均衡地惠及全体人民。"我们说的共同富裕是全体人民共同富裕，是人民群众物质生活和精神生活都富裕，不是少数人的富裕，也不是整齐划一的平均主义。"① 以精准扶贫为代表的中国式共同富裕道路，诠释了普惠、包容、公平、正义的发展理念，彰显了以人为本的价值关怀，为世界现代化贡献了中国经验。

经济增长缺乏普惠包容性是很多中东伊斯兰国家发生抗议甚至政权更迭的重要原因。以2011年"阿拉伯之春"为例，发生政权更迭的国家并非没有经济增长。数据显示，2000—2010年

---

① 习近平:《习近平谈治国理政》(第四卷)，北京:外文出版社,2022年版，第142页。

间，埃及的经济增长率在4%—6%之间，摩洛哥、突尼斯和也门的经济年增长率约为4.5%。① 但是经济增长却表现出显著的不平衡。2008—2009年度，埃及无力负担基本食物的极端贫困人口比例为6.7%，农村地区则高达9.6%。② 埃及的青年失业率较高，大约87%的失业人口集中在15—25岁，大学生的失业率是没有大学学历学生的10倍。③ 突尼斯发生政局动荡的主要原因也是经济缺乏普惠包容性增长。突尼斯沿海地区在20世纪90年代的经济自由化与私有化改革中受益最多，但与农村的贫富差距却不断扩大。突尼斯的青年失业率高达40%—50%。④ 需要指出的是，在"阿拉伯之春"发生多年之后，这些国家依然没有实现经济普惠包容性增长。世界银行数据显示，至新冠疫情暴发前，29.7%的埃及人口处于贫困状态。⑤ 突尼斯、叙利亚、也门、利比亚也存在大量贫困人口。这是导致这些国家政局动荡的重要因素。

伊朗也面临经济增长缺乏普惠包容性带来的挑战。相对于发生"阿拉伯之春"的国家，伊朗的社会保障体系比较健全，在伊斯兰革命后建立的补贴救济制度起到了保障中下层民众基本生活的作用，但存在腐败问题严重、少数人受益最多的问题，成为引发社会不满的重要因素；加之长期受制于外部制裁、内部管理混乱、经济发展停滞，伊朗民众普遍面临贫困问题。2020—2021

---

① Hafez Ghanem, *The Arab Spring Five Years Later: Toward Greater Inclusiveness*, Washington DC: Brookings Institution Press, 2016, p.39.

② Ruslan Yemtsov, "Arab Republic of Egypt Poverty in Egypt 2008 - 09: Withstanding the Global Economic Crisis", https://documents1.worldbank.org/curated/en/535951468236043325/pdf/602490ESW0P1180osed0May0230201200EG.pdf.

③ Dan LaGraffe, "The Youth Bulge in Egypt: An Intersection of Demographics, Security, and the Arab Spring", *Journal of Strategic Security*, Vol.5, No.2, 2012, p.73.

④ Michele Penner Angrist, "Understanding the Success of Mass Civic Protest in Tunisia", *Middle East Journal*, Vol.67, No.4, 2013, p.548.

⑤ World Bank, "Poverty & Equity Brief: Arab Republic of Egypt", https://databankfiles.worldbank.org/public/ddpext_download/poverty/987B9C90-CB9F-4D93-AE8C-750588BF00QA/current/Global_POVEQ_EGY.pdf.

年，伊朗的实际国内生产总值与 2010—2011 年持平，而实际人均国内生产总值则降至 2004—2005 年度水平。[①] 与此同时，高通胀和高失业痼疾难解。伊朗近几年发生抗议的次数有上升趋势，其核心原因是由经济缺乏普惠包容性增长引发的民生危机。

海湾君主国长期保持稳定的重要原因在于形成了普惠包容的经济模式。这些国家的统治家族一般不会独占油气收入，而是将其中一部分收入投入社会民生领域，以提升民众生活水平、完善福利体系，这有效发挥了"社会安全阀"功能。[②] 但海湾君主国的高福利体系高度依赖油气资源收入，尚未从整体上实现经济的多元化转型及可持续发展，也没有在创造生产性就业等议题上形成整体解决方案，使其经济的普惠包容性增长带有一定的不稳定性。随着人口的增长与福利开支的不断增加，多数海湾君主国的财政赤字不断扩大，迫使这些国家开始改革。因此，如何在经济多元化转型中确保经济普惠包容性增长的可持续性，是海湾君主国现代化进程中面临的重要课题。

可以看出，中国与中东伊斯兰国家尽管国情不同，但都有促进经济普惠包容性增长的目标和诉求。如何实现经济的普惠包容性增长是大部分中东伊斯兰国家谋求政治稳定、实现实质意义上的经济增长面临的重要问题，因此这也成为双方推进现代化发展合作的共同议题之一。

五、中国与中东伊斯兰国家共同推进现代化的合作路径

在 2023 年中国共产党与世界政党高层对话会上，习近平总书

[①] World Bank, "Iran, Islamic Republic, April 2022", https://thedocs.worldbank.org/en/doc/65cf93926fdb3ea23b72f277fc249a72-0500042021/related/mpo-irn.pdf.

[②] 冯基华：《任凭风浪起，稳坐钓鱼台——中东政治动荡中的海湾君主国》，载《当代世界》，2013 年第 5 期，第 50—53 页。

记指出,"中国共产党将始终把自身命运同各国人民的命运紧紧联系在一起,努力以中国式现代化新成就为世界发展提供新机遇,为人类对现代化道路的探索提供新助力,为人类社会现代化理论和实践创新作出新贡献"。① 在此次会议上,习近平总书记首次提出全球文明倡议。全球文明倡议倡导不同文明间交流互鉴,同时,这也是促进各国现代化发展合作的倡议。长期以来,中国与中东伊斯兰国家建立了广泛的经济联系和多层级的战略伙伴关系。面向未来,双方可进一步深化合作内涵,推进现代化道路的理念沟通,加强政治制度改革的经验交流,共同促进经济的普惠包容性增长。

(一)围绕自主探索现代化道路展开对话

2010 年以来,两个因素增强了中东伊斯兰国家探索现代化道路的自主意识。一是发生"阿拉伯之春"的中东国家并没有走上民主、稳定的现代化道路,有的陷入内战,有的政局持续动荡。这场剧变令很多中东国家对在西方干预下走西方现代化模式产生更多的质疑,不少国家的自主性意识增强并开始注重非西方经验。二是美国在中东主导力下降,中东国家整体自主意识不断觉醒。自页岩油革命以来,美国从中东进口的石油量不断下降。2021 年,美国从沙特进口的石油仅占其进口总额的 5%,从其他中东国家进口的石油微乎其微。② 美国与中东产油国的能源关系已经发生本质变化,即从原来的供需互补关系转变为竞争关系。与此同时,美国在中东的经贸投资地位逐渐被中国、印度等新兴经济体超越。另外,美国在中东的军事影响力下降。到 2019 年,

---

① 《习近平出席中国共产党与世界政党高层对话会并发表主旨讲话》,新华社北京 2023 年 3 月 15 日电。

② U. S. Energy Information Administration, "Oil and Petroleum Products Explained: Oil Imports and Exports", https://www.eia.gov/energyexplained/oil-and-petroleum-products/imports-and-exports.php.

整个中东地区有3.5万名美国士兵，而1991年海湾战争时期，在中东美军人数高达50万。① 2021年，美国从阿富汗仓促撤军令其对中东地区的威慑力进一步下降。结果是，无论在伊拉克、约旦、突尼斯、黎巴嫩、埃及还是土耳其，认同美国民主价值观的人的比例都下降了。②

中国鼓励中东伊斯兰国家独立自主探索发展道路。习近平主席2016年赴开罗阿拉伯国家联盟总部演讲时指出："我们尊重阿拉伯国家的变革诉求，支持阿拉伯国家自主探索发展道路。"③ 2022年12月，习近平主席应邀出席中国-阿拉伯国家峰会、首届中国-海湾阿拉伯国家合作委员会峰会并对沙特进行国事访问。《首届中阿峰会利雅得宣言》强调，"尊重各国自主选择发展理念，强调应共同合作实现可持续发展，减贫脱贫"。④

中东伊斯兰国家探索现代化道路的自主意识虽有所增强，但是仍然对美西方主导的国际体系存在明显的依附性。如作为北约成员国的土耳其及海湾阿拉伯国家合作委员会（以下简称"海合会"）六国都保留着美军基地；沙特等中东产油国还是"石油-美元"结算体系的主要支撑者；西方现代化图景对中东地区民众仍有不小的吸引力。与西方国家在中东地区长期积累的综合实力与影响力相比，中东伊斯兰国家对中国的治理方式、中国式现代化的成就与内涵尚存在认知不足。中国需进一步借助政府有关部门、智库、科研机构等多主体力量，设置双方共同关心的现代化

---

① R. Satloff, I. S. Lustick and M. Karlin, et al. "Commitment Issues: Where Should the U. S. Withdrawal from the Middle East Stop?" *Foreign Affairs*, Vol. 98, No. 3, 2019, p. 188.
② Munqith Dagher, "Middle East Public Opinion on the American Dream After Afghanistan", https://www.washingtoninstitute.org/policy-analysis/middle-east-public-opinion-american-dream-after-afghanistan.
③ 习近平：《论坚持推动构建人类命运共同体》，北京：中央文献出版社，2018年版，第320页。
④ 《首届中阿峰会利雅得宣言》，https://www.mfa.gov.cn/wjb_673085/zzjg_673183/xws_674681/xgxw_674683/202212/t20221210_10988459.shtml。

议题,搭建合适的对话平台,增进双方对彼此现代化道路的了解,增进中东伊斯兰国家自主探索现代化道路的意识与能力。

(二) 围绕政治体制改革与创新进行对话

受历史与现实等复杂因素的影响,中国与中东伊斯兰国家的政治制度存在较大差异,但双方在保持政治稳定、促进政治体制改革与创新方面有很多共同语言。对很多中东伊斯兰国家来讲,政治稳定是他们的核心关切。中国的现代化经验证明,政治稳定与建立何种形式的民主制度没有直接关系,而与是否有效解决民生需求、缩小贫富差距存在密切关系,还与政治体制是否真正具有包容性并体现公正、是否能够代表大多数人的利益有直接关系。中国的政治改革与创新为中东伊斯兰国家提供了经验借鉴。

中东伊斯兰国家的政治现代化也有其实践经验。前文已述,海合会国家尽管实行君主制,却成功地保持了政治稳定、经济繁荣与社会和谐。这也打破了一些人对君主制是现代化对立物的刻板印象。君主制之所以在中东地区广泛存在,与这一地区的社会结构密切相关。"从社会组织来看,以部落家族为中心的中东社会有利于君主制的建立和延续。从文化上看,伊斯兰教也对君主制的发展起到了推动作用。"[①] 海湾阿拉伯国家的君主制并不是古代绝对君主制的翻版,而是在融合了部落遗风、伊斯兰协商议事传统及现代政府治理理念等多元素基础上形成的有限君主制。中国与这些国家可以围绕政治体制的改革与创新加强交流,深入发掘双方治国理政的基本经验,加强交流互鉴。

(三) 围绕共建普惠包容性经济展开对话

一些中东伊斯兰国家现代化面临的最主要问题是经济发展成果为少数人享有,大部分民众难以充分共享现代化发展成果。这种分配不公极易引发大规模社会抗议甚至演变为政治危机,从而

---

① 黄民兴:《中东历史与现状二十讲》,北京:中国书籍出版社,2019年版,第290页。

威胁政治社会稳定。部分国家的民生治理制度与体系仍需探索与改革，因此普遍产生了学习借鉴中国式现代化经验的强烈意愿。

以埃及为例，塞西执政之后，尽管承诺发展经济、改善民生、减少贫困人口的比例与数量，但收效甚微。2020年，在新冠疫情影响下，以年收入10 300埃磅（相当于561.91美元）的贫困线为标准，埃及贫困人口比例增至32%，此后的两年贫困人口比例略减，2022年降为27.9%。但埃及社会贫困的结构性矛盾尚未得到根本解决，特别是农村贫困人口比例长期明显高于城市。2022年，埃及农村贫困人口比例达到43%。[①] 与此同时，埃及政府在减贫方面也有很强的紧迫感，试图加快减贫步伐。在联合国2023年可持续发展目标峰会上，埃及承诺未来将在教育、健康、妇女就业等方面加强人力资源开发，以期达到在2027年消除贫困与饥饿的目标。[②] 塞西也多次表达了希望学习中国式现代化发展经验的愿望。两国可在减贫、就业、社会保障等领域的理念、实践与制度方面加强经验交流，助力埃及经济政策优化与社会保障体系改进，帮助其提升经济模式的普惠包容度。

除了埃及，还有一些中东伊斯兰国家面临青年失业率较高的问题。根据国际劳工组织的报告，2019—2022年，阿拉伯国家的青年失业率从22.9%增加到24.8%，高于世界平均水平。[③] 除卡塔尔与阿联酋的其他海合会国家青年失业率都明显高于其全国平均失业率。如2022年，沙特15—24岁青年失业率达15.96%，

---

① "Projected Poverty Headcount Ratio in Egypt from 2018 to 2023", https://www.statista.com/statistics/1237041/poverty-headcount-ratio-in-egypt/? kw=&crmtag=adwords&gclid=EAIaIQobChMIsJCz1J6lgwMVzvtMAh01qgo6EAAYASAAEgJkh_D_BwE.

② "Egypt Working to End Poverty, Hunger by 2027", https://www.un.org/africarenewal/magazine/october-2023/egypt-working-end-poverty-hunger-2027.

③ "Global Employment Trends for Youth 2022: The Arab States", https://www.ilo.org/wcmsp5/groups/public/---ed_emp/documents/briefingnote/wcms_853324.pdf.

全国平均失业率为5.59%。① 尽管与前几年相比,沙特的青年失业率有所降低,但并未从根本上改观。伊朗也面临年轻人就业难、高学历人才难以充分就业的挑战。中国可与这些国家在创新驱动增长、创造生产性就业机会等方面设置议题,加强交流,共同探讨提高青年就业率的有效方案与路径。

六、余论

中国式现代化蕴含着同世界其他国家和地区共享发展机遇的理念与追求。"中国共产党愿继续同各国政党和政治组织一道,开展治党治国经验交流,携手同行现代化之路,在推动构建人类命运共同体的大道上阔步前进。"②

本文对中国与中东伊斯兰国家现代化作了初步的比较,回应了双方现代化的核心主题与主要关切,同时为双方合作路径提供了引导。通过比较看出,是否发展出对本国现代化的道路自觉,对现代化进程的成败有重要影响;政治制度是否结合本国国情与历史传统进行本土化改造,对政治现代化的成效具有重要意义;经济是否实现普惠包容性增长是现代化是否稳定可持续的物质基础。

通过以上分析进一步得出,中国与中东伊斯兰国家的现代化均体现了不同于西方现代化的道路模式,证明了世界现代化进程的多样性特征,打破了"现代化=西方化"的迷思。中国与中东伊斯兰国家的现代化还体现出同中有异、异中有同的特性。双方可在尊重彼此现代化模式差异的基础上加强对话、相互借鉴,在

---

① Saudi Arabia, "Youth Unemployment Rate from 2003 to 2022", https://www.statista.com/statistics/812955/youth-unemployment-rate-in-saudi-arabia/.
② 《习近平出席中国共产党与世界政党高层对话会并发表主旨讲话》,新华社北京2023年3月15日电。

实现现代化的目标下通力合作,促进共同发展与繁荣,推动构建中国与中东伊斯兰国家的发展命运共同体。

The Modernization of China and Middle Eastern Islamic Countries from a Comparative Perspective

Abstract: To achieve the goal of Chinese-style modernization requires strengthening the comparative study of the modernization processes of China and the rest of the world. This paper takes Middle Eastern Islamic countries as a case study and compares three topics: conscious selection of modernization path, localized innovation of the political system, and inclusive economic growth in China and Middle Eastern Islamic countries. This paper argues that whether the modernization path is chosen consciously is the key to the success of modernization in China and Middle Eastern Islamic countries, the localized innovation of the political system is crucial to the steady process of political modernization, and the inclusive economic growth is the material basis of political stability and sustainable development. These three topics represent the common concerns of China and Middle Eastern Islamic countries in their modernization drives, and the two sides need to strengthen exchanges and cooperation on the basis of seeking common ground while shelving differences. This paper attempts to transcend the discursive prejudice and perspectival limitations of Western modernization, based on the objective realities of modernization in China and Middle Eastern Islamic countries, to identify common discourse through the comparative study of modernization between the two sides, and to strengthen the exchange of modernization ideas and the sharing of experiences.

Keywords: China; the Middle East; Islamic; Modernization

16世纪西班牙王室教育用书里的中国：以太子菲利普教科书为例

内容摘要：中国和西班牙虽然相隔万里，却有着悠久深厚的交往历史。中西两国首次直接交流始于菲利普二世国王统治时期，本文通过研究这位地理大发现时代欧洲著名君主接受教育时期所用的教科书，尝试还原涉华信息在西方经典著作中的传播轨迹与演变历程，归纳欧洲文本里中国形象的特点，考证中西友好关系的历史渊源，挖掘中西交往的丰富史料，以期为新时代背景下两国增进共识、化解分歧、加强合作、拓展交流的深度与广度提供历史借鉴。

关键词：西班牙　赛里斯　秦尼　契丹　中国

作者简介：李晨光，浙江外国语学院环地中海研究院研究员。

16世纪,以葡萄牙和西班牙率先开启地理大发现为标志,世界近代史拉开帷幕,中西方交流和互相了解由此进入空前深入的阶段。在此期间,西班牙人抵达美洲,完成了跨越大西洋、太平洋和印度洋的环球航行,在非洲、美洲和亚洲建立殖民地,一跃成为当时实力最强、领土面积最广的"日不落帝国"。西班牙的海外扩张在菲利普二世国王(Felipe II,1527—1598年)①执政时期取得了新的突破。1565年,西班牙征服了中国近邻菲律宾群岛。以此为基地和跳板,西班牙人不仅获得了大量丰富且真实的涉华信息,更成功抵达中国东南沿海地区,与之前仅存在于书本想象中的神秘东方国度实现了面对面的交往。这一时期,两国的交流集中体现在16世纪70年代之后兴起的马尼拉大帆船贸易——从福建驶出的商船满载丝绸、瓷器、香料等货物前往菲律宾群岛,停留中转后,这些货物源源不断地被运往今墨西哥阿卡普尔科港,部分东方商品甚至由此转运至西班牙,并进一步传播到整个欧洲大陆。

地理大发现在时间上与文艺复兴重合,随着印刷和出版技术的革新,大量西方经典和新作在欧洲问世发行,知识的数量和质量均显著提高。西班牙从天主教伊莎贝尔女王(Isabel I la Católica,1451—1516年)②开始,格外重视对王位继承人的教育

---

① 1527年5月21日,菲利普二世在西班牙内陆城市巴亚多利德(Valladolid)出生,身为哈布斯堡家族卡洛斯五世国王(Carlos V,在西班牙历史上又称卡洛斯一世国王)的独子,继承了除奥地利和德意志邦联之外的西班牙王国(本土及其在意大利半岛和美洲的领土)、低地国家(今荷兰、比利时和卢森堡)、非洲大陆殖民地等领地,掌舵西班牙帝国40余载(1556—1598年)。关于菲利普二世及其统治下的西班牙帝国史,参见 Geoffrey P., *Philip II*, Boston: Little Brown and Company, 1978; Lynch J., *Spain 1516-1598: From Nation State to World Empire*, Oxford: Blackwell, 1992; Elliott J. H., *Spain and Its World: 1500-1700*, New Haven: Yale University Press, 1989;费尔南·布罗代尔著,唐家龙等译:《菲利普二世时代的地中海和地中海世界》,北京:商务印书馆,1996年版等。

② 伊莎贝尔一世是西班牙历史上最著名的国王之一,出生于尚未统一的西班牙卡斯蒂利亚王国(Castilla),之后与阿拉贡王国的费尔南多(Fernando)王子联姻。卡斯蒂利亚和阿拉贡两大王国合并后,天主教双王一起推进并完成了西班牙历史上的收复失地运动(Reconquista),结束了穆斯林在伊比利亚半岛(Ibérica)近800年的统治历史。此外,哥伦布的新大陆之旅也是在伊莎贝尔女王的支持下才得以成行。关于这位传奇女王的生平,参见杨俊明:《世界著名女王列传:西班牙女王伊莎贝拉传》,长春:吉林人民出版社,1998年版。

和培养，西班牙王室也是最早将人文教育引入宫廷的欧洲王朝。① 为了培养帝国合格的未来君主，从15世纪末开始，西班牙王室购买、收藏甚至资助出版了诸多古希腊罗马时期、中世纪和当世的书籍作品，在其汗牛充栋的藏书里优中择优，遴选出王室成员接受教育时使用的教材。本文在参考和引用国外特别是西班牙学者关于该国王室教育研究最新成果的基础上，深入考证了菲利普二世国王主持修建的皇家埃斯科里亚尔图书馆（Real Biblioteca del Monasterio de San Lorenzo de El Escorial）的藏书和西班牙主要档案馆里有关王室的一手档案等文献资料，还原了16世纪西班牙王室使用的教科书名单。此外，在对相关作品进行系统搜集、整理和研究的基础上，提炼总结了这部分传世文献中有关中国的文本内容，以此分析地理大发现时代早期欧洲对中国的接受、认知和内化过程。

一、西班牙王室教育必修课——地理及其教材书目

西班牙的文艺复兴是在绝对君主制（Absolute Monarchy）② 和教会改革的历史背景下兴起的，先发于意大利半岛的新思潮通过西班牙统治下的西西里和那不勒斯王国迅速传播到伊比利亚半岛③。文艺复兴为西方思想、文学、艺术、哲学、出版等领域带来了重大而深刻的变革，并催生了人文主义教育的理论和实践。综合学界已有研究成果，人文主义教育主要有以下特点：第一，

---

① 桑德拉·赛德尔著，徐波译：《文艺复兴欧洲社会生活》，北京：商务印书馆，2016年版，第316—317页。
② 从15世纪后期开始，法国、英国、西班牙、葡萄牙等西南欧主要国家建立起了以集权为特征的君主制度，在西方学界统称为"Absolute Monarchy"。本文参照经典作家作品，将这种统治制度翻译成"绝对君主制"，以区别东方国家的皇权专制主义。
③ 西班牙和葡萄牙两国所在的半岛名为伊比利亚。

古希腊罗马文本的重新发现和利用使文艺复兴时期的教育材料空前丰富。得益于印刷术的发展,大量古典作家的作品被编辑、翻译和印刷,并以比之前便宜得多的价格出版、发行和售卖。第二,古典时期的教育思想和课程观念被重新恢复和遵行。第三,随着科学文化、社会经济和人类活动的发展,学科的设置和种类大幅增加,欧洲王室和贵族教育不仅增设了逻辑学、伦理学等人文学科,还陆续增设了博物学、物理学、地理学、航海学、化学等实际应用科目。①

身为"日不落帝国"君主卡洛斯五世的独子和合法王位继承人,太子菲利普登基之前在西班牙接受了严格且精心设计的宫廷教育。② 16世纪,欧洲王室和贵族对子女和继承人的教育总的来说,"是向他们传授一种与众不同的文化,使他们具备行使政治权力的能力"。③ 根据国外特别是西班牙学者的最新研究,菲利普二世国王在继承王位之前接受过神学、历史、数学、逻辑、诗歌、演讲、修辞、哲学、语法等方面的教育,而有关中国的信息则主要出现在地理课的资料中。④ 通过收集、整理并查阅16世纪西班牙王室采购档案,发现以下地理学家的作品于16世纪40年

---

① 关于文艺复兴期间的欧洲教育,参见曼弗雷德·富尔曼著,任革译:《公民时代的欧洲教育典范》,北京:人民出版社,2013年版;刘明翰、陈明莉:《欧洲文艺复兴史:教育卷》,北京:人民出版社,2008年版;威廉·哈里森·伍德沃德著,赵卫平、赵花兰译:《文艺复兴时期教育研究》,济南:山东教育出版社,2013年版等。

② 为了巩固对西班牙本土和海外殖民地的控制,卡洛斯五世国王在位期间,虽然其本人在欧洲各地四处争战奔走,却将妻子和子女长期安置在西班牙生活,菲利普从小便是在皇后——葡萄牙的伊莎贝尔(Isabel de Portugal,1503—1539,卡洛斯五世国王唯一的妻子)的监督下接受教育。作为15世纪和16世纪的欧洲强国,西班牙王室历来注重对王位继承人的培养,历史上著名的伊莎贝尔女王是在宫廷开设人文主义教育的第一位西班牙君主。关于菲利普二世国王加冕前的教育,可参见 J. L. Sánchez-Molero, *Felipe II: La Educación de un "Felicísimo Príncipe" (1527-1545)*, Madrid: Polifemo, 2013; A. Iniesta Corredor, *La Educación de Felipe II*, Gerona: Dalmau Carles Pla, 1960。

③ 威廉·哈里森·伍德沃德著,赵卫平、赵花兰译:《文艺复兴时期教育研究》,济南:山东教育出版社,2013年版,第4页。

④ J. L. Sánchez-Molero, *La 《Librería rica》 de Felipe II: Estudio Histórico y Catalogación*, Madrid: R. C. U., 1998, p.73.

代被选入宫廷,作为太子菲利普的教育用书:古罗马帝国时期的斯特拉博(Strabo)①、庞波尼乌斯·梅拉(Pomponio Mela)②、托勒密(Ptolemy)、中世纪的教皇庇护二世(Pius II)③,以及地理大发现时代的约翰·博埃姆斯(Johann Boemus)④。⑤ 不同历史时期的著作对中国的描绘和记录存在鲜明的不同,下文将分别进行探讨和述评。

二、赛里斯和秦尼:古希腊罗马著作里的中国

中国和欧洲大陆虽然相隔万里,但友好交流的历史却悠久深厚,习近平主席曾撰文如是总结:"早在两千多年前,古老的丝绸之路就让远隔万里的中国和古罗马联系在一起。汉朝曾派使者甘英寻找'大秦'。古罗马诗人维吉尔和地理学家庞波尼乌斯多次提到'丝绸国'。一部《马可·波罗游记》在西方掀起了历史上第一次'中国热'。马可·波罗成为东西方文化交流的先行者,

---

① 公元前63年,斯特拉博出生于今土耳其阿马西亚(Amaseia)的一个古罗马帝国望族,公元19年去世。
② 关于庞波尼乌斯·梅拉的生平、作品及其作品在西班牙的传播,参见 P. Mela, *Corografía*, Murcia:Universidad,1989。
③ 教皇庇护二世原名艾伊尼阿斯·西尔维尼斯·皮科洛米尼(Eneas Silvo Piccolomini),1405年出生于意大利托斯卡纳地区科希那诺(Corsignano)一个家道中落的贵族家庭,后靠自身努力进入锡耶纳大学修习文学和法律,历任秘书、使节、主教、枢机主教等职,于1458年当选为教皇。在履行神职的同时,庇护二世著作颇丰,创作了多部以历史、道德、神学等为主题的作品,其中,《亚洲史地概论》一书被16世纪的西班牙王室选中,购买进皇官内用于后代的教育。如今,皇家埃斯科里亚尔图书馆收藏着该部著作出版于1534年的拉丁文版本 Pii II Pon. *Max. Asiae Evropaeqve elegantissima descriptio, mira festiuitate tum veterum, tum recentium res memoratu dignas, complectens, maxime quae sub Frederico III apud Europeos Christiani cum Turcis, Prutenis, Soldano, & caeteris hostibus fidei, tum etiam inter sese vario bellorum euentu commiserunt. Accessit Henrici Glareani, Heluetij, poetae laureati compendiaria Asiae, Africae, Europaeque descriptio*。
④ 约翰·博埃姆斯(1485—1535年)是德国传教士、旅行家和人文学者。其记录世界上不同地区地理概况和风俗习惯的作品于1520年首次以拉丁文出版,问世以后成为畅销书,被翻译成多种语言在欧洲各地发行。
⑤ J. L. Sánchez-Molero, *La《Librería rica》de Felipe II:Estudio Histórico y Catalogación*, Madrid:R. C. U. ,1998,pp. 736-742.

为一代代友好使者所追随。"①

在菲利普二世身为太子时的教育用书中,年代最为久远的作者当属古希腊时期的斯特拉博,其著作《地理学》不仅是西方历史上第一部系统描述人类居住的世界的专著,更是西方现存最早记载赛里斯(Seres)的文献。②古罗马帝国灭亡后,斯特拉博和他的著作在西方世界长期失传,直到文艺复兴时期才得以在欧洲重新刊印,并立即受到了知识界的广泛认可和推崇,1543—1547年间,西班牙王室为菲利普二世购买了三个不同版本的《地理学》。③在该部作品的第十一至十六卷中,斯特拉博描绘了包括小亚细亚、波斯、两河流域、叙利亚、阿拉伯、印度等区域在内的东方世界。依据其地理认知,印度被置于世界版图的最东端,而赛里斯人则被视为分布在印度大陆的最东端。对于当时的欧洲人来说,印度及更东的区域因路途遥远而鲜有人能够到达,"人们所报道信息互相抵触者甚众,历史真实与神话传说并存"。④斯特拉博未能搜集到详细可信的信息,甚至没有提及后世作家频繁提起的赛里斯特产——丝绸,反而记载了这个东方民族两个让人印象深刻的特征:第一,赛里斯人普遍长寿,年龄超过200岁;第二,赛里斯人在国家治理方面独具特色,"当地有一种贵族寡头

---

① 《东西交往传佳话 中意友谊续新篇》,http://www.gov.cn/gongbao/content/2019/content_5380349.htm。

② 根据古希腊地理学文献资料和自身的游历探测,他创作了包含十七卷的大部头——《地理学》。斯特拉博记载中国,即赛里斯的内容转引自阿尔忒弥塔的历史学家阿波罗多罗斯(公元前2世纪)的著作,但因后者作品已不存于世,斯特拉博成为欧洲历史上首位记载和描写中国的作家。关于斯特拉博及其代表作,参见斯特拉博著,李铁匠译:《地理学》,上海:上海三联书店,2014年版;武晓阳:《斯特拉波〈地理学〉在古典学研究中的史料价值初论》,载《史学理论与史学史刊》,2013年刊;Eratóstenes, *Eratosthenes, Geography*, Princeton: Princeton University Press, 2010; A. García y Bellido, *España y los españoles hace dos mil años según la «Geografía» de Strabón*, Madrid: Espasa-Calpe, 1978。

③ J. L. Sánchez-Molero, *La «Librería rica» de Felipe II: Estudio Histórico y Catalogación*, Madrid: R.C.U., 1998, pp.233, 382-383.

④ 武晓阳:《斯特拉波"东方世界"探研》,北京:北京师范大学出版社,2015年版,第168页。

制度，政府完全由5000名顾问组成，每个顾问都必须提供给这个新国家一头大象"。①

公元元年左右出生于今西班牙城市阿尔海西拉斯（Algeciras）的地理学家梅拉在文艺复兴时期引起了西班牙人文主义者的重视，其名作《地理学》自1482年首次在西班牙瓦伦西亚（Valencia）出版发行后，不断再版，西班牙王室也购买了多个版本用于宫廷教育。与斯特拉博相比，梅拉掌握的关于中国的信息数量并未显著增加，但是他提供了这个东方国度在地理和人文方面更多真实而准确的细节。英国著名汉学家裕尔（Yule）经过考证后指出，梅拉是最早明确赛里斯人确切生活区域的欧洲作家。② 依照梅拉的描述，赛里斯人生活在亚洲东部临海的区域，北临斯基泰人③，南邻印度人。此外，这个民族以富有正义感和善贸易经商而闻名，但是买卖方式特殊——"他们把货物放在一旁，交易时并不在场"。④

公元2世纪的古罗马帝国天文学家托勒密的作品在文艺复兴时期重新出版后，立即被西方世界视为经典和权威，16世纪的西班牙王室也购买了多部作品供王室成员阅读和学习。⑤ 托勒密内含八卷本的长篇专著《地理学》共收集了世界上8000个用不同经度、纬度标注的地名，在全书的最后一卷中，托勒密用文字描述了世界上的26个区域"地图"，其中包括4个非洲地区、10个欧洲地区和12个亚洲地区。根据托勒密的描述，在广阔亚洲大陆的最东部，即中国所在的位置，南北向分布着两个不同的国

---

① 斯特拉博著，李铁匠译：《地理学》，上海：上海三联书店，2014年版，第1032页。
② 裕尔著，张绪山译：《东域纪程录丛》，北京：中华书局，2008年版，第12页。
③ 斯基泰人是古希腊罗马作家笔下对北方欧亚草原上游牧人群的总称，野蛮、落后和残暴是西方人对这一群体的基本印象。关于斯基泰人，参见刘雪飞：《游牧民在西方古典世界的主流形象——以斯基泰人为例》，载《世界民族》，2017年第5期。
④ P. Mela, *Corografía*, Murcia: Universidad, 1989, p. 32.
⑤ J. L. Sánchez-Molero, *La《Librería rica》de Felipe II: Estudio Histórico y Catalogación*, Madrid: R. C. U., 1998, pp. 438-439.

家——赛里斯和秦尼①。前述两位作家描述过的赛里斯在托勒密笔下是一块西接斯基泰、北部和东部临未知之境的广阔土地；秦尼则是一个位于赛里斯南部、印度东部的国家。②但是，不管是赛里斯还是秦尼，托勒密都没有提供更多的细节，甚至没有将丝绸与这两个东方国度联系起来。

通过以上对西班牙16世纪王室教育所用经典时代作品的分析可以发现，由于历史条件所限，古希腊罗马作家对中国的了解十分简略且不准确，他们笔下的描述总体上来说想象大于真实，但是上文提到的三位作者在一些问题上也存在共识，能够使通读了他们作品的西班牙王室成员对亚洲大陆最东端的国度形成概念性的认识：第一，世界最东方有一个或者叫赛里斯或者叫秦尼的幅员辽阔的国家，从欧洲出发取道陆路难以到达；第二，这一个或者两个东方大国物产丰富，代表性的出口商品为丝绸；第三，那里文明发达，在政治、贸易、生活等方面均有一些独特的规则和习惯。

三、契丹：中世纪和16世纪早期著作里的中国

蒙古人历经征战，在13世纪建立起一个横跨亚欧大陆的帝国，一度中断的亚欧陆上通道重新贯通，大批欧洲商人、传教

---

① 秦尼在西方文献中被写作 Thin、Sina(e) 或 Thina(e)。该词最早见于公元1世纪出版的佚名作品《厄立特里亚海航海记》(Periplus of the Erythraean Sea)，从作品内容推断，其作者可能是生活在埃及的希腊商人。书中没有提及出现在同时代作品中的赛里斯，而是指出，在东方与海相邻的国家是秦尼，出产丝绸布料、丝线和衣服。关于秦尼的记载和描述，参见 Lionel Casson, *The Periplus Maris Erythraei: Text with Introduction, Translation and Commentary*, Princeton: Princeton University Press, 1989；龚缨晏、邬银兰：《"赛里斯"与"秦尼"：托勒密地图上的中国》，载《纵横故事》，2003年第2期；冀强：《西方文献中"中国"称谓的演变》，载《历史问题研究》，2012年第1期。

② 戈岱司著，耿昇译：《希腊拉丁作家远东古文献辑录》，北京：中华书局，1987年版，第31、44页。

士、外交家、旅行者得以亲访元代中国，其中名气最大的是出生于威尼斯的商人波罗一家——马可·波罗、父亲尼古拉斯·波罗和叔叔马特欧·波罗。然而，马可·波罗的著名游记未能在地理大发现时代获得西班牙王室的足够信任，没有被采购进宫中用来培养新一代的皇位继承人。然而，波罗一家的东方见闻以间接的方式，通过另一位身份更为特殊的中世纪作家——教皇庇护二世的著作进入太子菲利普的课堂。庇护二世搜集、整理和撰写的涉及中国的内容无论在数量上还是在质量上，都具有划时代的意义，特别值得一提的是，庇护二世在同一本著作中介绍了两个东方国度——赛里斯和契丹（Cathay）。遗憾的是，由于各方面条件所限，他没能认识到两个不同的名称其实指代的是同一个国家。

庇护二世在书中开诚布公地承认，关于赛里斯的描述和记载主要来自以托勒密为代表的古希腊罗马作家。作品提供了关于中国的两个准确信息——地理位置位于地球远东，拥有生产和出口丝绸的能力。然则，书中对于丝绸的来源和交易的方式都存在误读和想象。身为生活在中世纪晚期的教皇，庇护二世仍然认为丝线产自一种特殊的树叶，关于中西方围绕丝织品的贸易，他在作品中提供了一些引人深思的细节："众所周知的是，一开始商人们顺着河流来到岸边和赛里斯人做生意的时候，并不晓得他们的语言，只能以眼色来和他们商议商品的价格，因为赛里斯人只是出口货物却并不收购我们的，跟他们做交易只能使用黄金。"① 上述内容无疑会为西方读者塑造一个神秘且吸引力十足的东方印象：这些远东的国度不仅产出欧洲市场稀缺的丝绸等货物，并且在多年的对外贸易实践中，积累了大量地理大发现时代西方人海外探险所寻找和追求的黄金。

---

① 庇护二世作品《亚洲史地概论》尚未有中译本，本文引用的原著内容系作者译自西班牙语版，参见 Pío II, *Descripción de Asia*, Madrid: Alianza Editorial, 1992。

与此同时，另一个在西方历史文献里常见的指代中国的名称——契丹诞生于中世纪。13世纪中叶，拜访蒙古大汗的西方传教士约翰·柏朗嘉宾（John Plano Carpini）和威廉·鲁布鲁克（William Rubruquis）在结束东方之行回到欧洲后，写下了包含契丹在内的蒙古帝国诸地游历记录。"他们以契丹称呼中国——这在当时的欧洲是第一次听到。"① 但是，庇护二世在专著中介绍契丹时，不但没有引用上述两位传教士的记载，也未转述更为著名的马可·波罗关于契丹的描述，而是屡次提到"威尼斯的尼古拉斯"，即马可·波罗父亲的描述："契丹的居民正直而有教养，并且拥有大量财富。"②

值得指出的是，庇护二世注意到了东方同时存在赛里斯和契丹两个地区的不合理之处，并在书中直言不讳："由于有人说赛里斯人居住在印度和契丹交接的山地，并且又有人明白无误地指出赛里斯人在北部和东部与斯基泰人为邻。但是我们这个时代又将斯基泰人生活的地方看作是大汗统治下的契丹……果真如此的话，那这些斯基泰人改变了许多古人记载的生活习惯，因为按照之前的说法，绝大多数的斯基泰人都以畜牧业为生，基本上是一个不可理喻的民族。"③ 庇护二世无法用已有的资料解答关于赛里斯和契丹地理位置的疑问，最后只能以国家和地区的版图是持续变动的说法，来试图自圆其说。

在学者们考证和发现的用于太子菲利普地理教育的书单中，出版年代最晚的是出生于15世纪末的德国人文学者约翰·博埃

---

① 约翰·柏朗嘉宾是意大利方济各派传教士，受教皇英诺森派遣出使蒙古，计划规劝大汗及其子民信奉基督教。1245年4月16日，使团从里昂出发，于当年11月拜见大汗后返回欧洲，1247年向教皇当面转交了蒙古统治者的冷淡答复。威廉·鲁布鲁克是法国传教士，受法王路易派遣访问蒙古，寻求政治和宗教上的合作。1253年5月7日进入黑海地区，拜见大汗之后于1255年6月底返回欧洲。参见裕尔著，张绪山译：《东域纪程录丛：古代中国闻见录》，北京：中华书局，2008年版，第122—124页。
② Pío II, *Descripción de Asia*, Madrid: Alianza Editorial, 1992, pp. 27-28.
③ 同②，第18页。

姆斯的作品。1541年，西班牙王室购买了出版于1539年的博埃姆斯作品拉丁文版本，如今仍珍藏在位于马德里的皇家埃斯科里亚尔图书馆中。① 但是这部成书于16世纪的专著所涉中国信息非常稀少，仅仅确认了契丹隶属于蒙古帝国，位于太阳升起的东方。

综上所述，在文艺复兴方兴未艾的年代，通过西班牙王室选择的教育用书，可以管窥欧洲对于不同年代作品的推崇和信任程度。古希腊罗马作家由于历史条件的限制，在描写包括中国在内的外部世界时，很难以亲身见闻为依据，大多是引用一些二手的材料。中世纪和地理大发现之后，欧洲人发现和探索外部世界的能力逐步提高，特别是从15世纪末开始，葡萄牙和西班牙开始了全球殖民扩张的步伐。然而，在实际的王室地理学教学中，仍是以传统著作为范本，后世的作品不仅在数量上不占优势，在内容上也习惯于引经据典，对新时期的资讯利用不足。具体而言，关于中国的信息在不同历史年代的文献中经历了嬗变，上文回顾了其从古希腊罗马时代的赛里斯和秦尼，到中世纪契丹的转化过程，但是这种变革是断裂式的，直至菲利普作为西班牙太子的16世纪上半叶，欧洲知识界尚未认识到这几个名称指代的其实是同一个国家。

四、结论

综合上文的分析可以发现，西班牙王室用来教育未来王位继承人太子菲利普的地理学教材虽然数量不多，但是每部作品里都

---

① 该部图书名为 *Omnium Gentium Mores, Leges & Ritus ex Multis Clarissimis Rerum Scriptoribus/a Ioannes Boemo Aubano Teutonico Nuper Collecti, & Nouissime Recogniti; Tribus Libris Absolutum Opus, Aphricam, Asiam, [et] Europam Describentibus; non Sine Indice Locupletissimo*，于1539年在法国里昂出版，铁质书脊，纸张上以金箔修饰，装帧精美。

涵盖一定的有关中国的信息，印证了欧洲人对东方世界的好奇和探索由来已久。随着中西交往的不断深入，西方学者们对中国的认识在质和量上都有所发展，最明显的表现就是，古典作家作品里的中国被称为赛里斯或秦尼，中世纪文学作品则称之为契丹，在这一过程中，关于中国的一手资料和真实见闻逐渐增多，呈现了知识进步的典型历程。

因为地理大发现和海外殖民扩张，16世纪的西班牙成为欧洲的外部世界信息集散中心，其中最权威和可信的内容被上报王室，可是直到菲利普二世接受教育的时代，西班牙王室关于中国的认知仍主要停留在赛里斯和契丹阶段。在16世纪早期的西班牙涉及海外征服探险等活动的档案文件中发现，大汗统治下的契丹仍是西班牙人的目标，西班牙王室也频频发起寻找契丹的命令。① 一直到菲利普二世执政的16世纪60年代，西班牙人从美洲殖民地出发，成功穿越太平洋并最终在菲律宾群岛立足，正式开启在亚洲的扩张进程。② 明朝中国和哈布斯堡家族统治下的西班牙在政治、经济和宗教上的交往取得了前所未有的突破，契丹逐渐退出西班牙的官方话语体系，中国（China）取而代之。信

---

① 西班牙西印度总档案馆（Archivo General de Indias）是西班牙官方指定的保存地理大发现到19世纪末期海外探险、殖民、贸易、外交、传教等涉外文件的官方机构，其中收集的15世纪末到16世纪上半叶的文件表明，西班牙王室多次派出寻找契丹的探险团队。同时参见M. Fernández de Navarrete, *Viajes y Descubrimientos Sspañoles en el Pacífico: Magallanes, Elcano, Loaysa, Saavedra*, Madrid: Tip. Renovación, 1919; J. F. Pacheco, F. de Cárdenas and L. Torres de Mendoza, *Colección de Documentos Inéditos Relativos al Descubrimiento, Conquista y Colonización de las Posesiones Españolas en América y Oceanía, Sacados, en su Mayor Parte del Real Archivo de Indias*, Madrid Imprenta de M. Bernaldo de Quirós, 1864–1884; A. de. Altolaguirre y Duvale, *Colección de Documentos Inéditos Relativos al Descubrimiento, Conquista y Organización de las Antiguas Posesiones Españolas de Ultramar, Segunda Serie, Publicada por Acuerdo de la Real Academia de la Historia*, 25 Vols., Madrid, 1885–1932.

② 关于西班牙征服菲律宾群岛并进行殖民统治的早期历史，参见邱普艳：《西属菲律宾前期殖民统治制度研究——从征服到17世纪中期》，昆明：云南美术出版社，2013年版；黄滋生、何思兵：《菲律宾华侨史》，广州：广东高等教育出版社，2009年版；庄国土、陈华岳等：《菲律宾华人通史》，厦门：厦门大学出版社，2012年版；李晨光：《海盗·富商·侨领：西属菲律宾华人长官黄康的生命史考察》，载《全球史评论》，2022年第1期。

息催生了行动，西班牙王室出台了多项对华政策，还派出了访华的外交使团。①

China in the 16th-Century Spanish Royal Educational Books: A Case Study of Prince Philip's Textbooks

Abstract: Although China and Spain are geographically distant, they share a long and rich history of exchanges. Face-to-face interactions between China and Western powers began during the reign of King Philip II (1527-1598). By examining the textbooks used by this renowned European monarch during his educational years in the Age of Discovery, this article aims to trace the historical trajectory of China-related information in Western classical works, summarize the characteristics of China's image in European texts, verify the historical foundations of Sino-Western friendly relations, and provide rich historical materials for Sino-Western exchanges. It also offers references and insights for enhancing consensus, resolving conflicts, strengthening cooperation, and deepening the breadth and depth of exchanges between the two nations in the new era.

Keywords: Spain; Seres; Sina(e); Cathay; China

---

① 英国博克舍出版于1953年的《十六世纪中国南部行纪》一书收录了三位在16世纪亲访中国的西班牙人和葡萄牙人的旅行记录，在著作的"导言"部分，他简短地提及了菲利普二世国王曾经在1580年于西班牙本土派出访问明朝中国的外交使团，简述了计划破产和使者到达墨西哥之后铩羽而归的过程。参见博克舍著，何高济译：《十六世纪中国南部行纪》，北京：中华书局，1990年版。关于菲利普二世国王访华使团详情，参见李晨光：《16世纪西班牙菲利普二世致大明皇帝国书考》，载《国际汉学》，2023年第6期。

观念与思潮

结构、制度与规范：东地中海地区①国际关系的演变

内容摘要：在国际体系和国际社会两种不同视角下，东地中海地区的国际关系演变呈现出更为复杂多元的面貌。相对于国际体系视角以权力为中心的分析，国际社会理论框架下的东地中海地区国际关系的演变，更多地表现为结构、制度与规范不断被内化和接受的历史。欧洲是国际社会形成扩展的源头，东地中海地区较早受到欧洲的影响，但直至二战结束后才形成典型意义上的地区国际社会。东地中海地区国际社会既与全球国际社会保持制度同质性，也表现出显著的地区特性。除了制度的输入性之外，东地中海地区国际社会的制度特殊性主要表现在派生制度和次要制度上，包括泛民族

---

① 本文的东地中海地区包括希腊、塞浦路斯、土耳其、叙利亚、黎巴嫩、以色列、巴勒斯坦、约旦、埃及和利比亚，共10个国家。

主义、泛伊斯兰主义、长期固化的地区冲突、非国家行为体作用和精英统治等方面。由于结构、制度和规范上的缺失和冲突较为明显，东地中海地区尚停留在共存型国际社会阶段。

关键词： 东地中海地区　国际社会　结构　制度　规范

作者简介： 邹志强，复旦大学中东研究中心研究员，博士。

著名历史学家利奥波德·冯·兰克（Leopold von Ranke）认为，世界历史是"文明国家"相互争斗的历史，而古代只有在近东、地中海沿岸才真正发生过"文明国家"之间的激烈碰撞。① 自古以来，位于亚非欧三大洲交界地带的东地中海地区既是文明的发源地，也是文明的十字路口，多元文明和力量相互交汇碰撞、交流冲突，产生了众多影响深远的文明古国。古埃及人、赫梯人、亚述人、波斯人、希腊人、罗马人、阿拉伯人、突厥人相继在这一地区争霸称雄，使之成为世界上文明勃兴、内部密切联动的重要地区之一。进入20世纪以来，古老帝国崩溃，民族国家纷纷独立，该地区形成了环绕地中海东部的10个中小现代民族国家。历史上，东地中海地区国家之间的共存与互动错综复杂，现实中，其冲突与合作相互交织，使之成为一个国家间互动激烈而多元的独特区域。

从历史来看，当代东地中海地区各国既脱胎于曾经主导该地区的奥斯曼帝国，也肇始于持续介入与争夺该地区的西方殖民列强。事实上，一战以来中东秩序的演进与调整，都与域外大国的兴衰进退紧密相关。② 土耳其直接继承于崩溃的奥斯曼帝国，其他国家都曾经是奥斯曼帝国治下的一部分，它们均在西方殖民列

---

① 利奥波德·冯·兰克著，易兰译：《世界历史的秘密》，上海：复旦大学出版社，2009年版，第334—335页；利奥波德·冯·兰克著，约尔旦、吕森主编，杨培英译：《历史上的各个时代》，北京：北京大学出版社，2010年版，第13—14页。
② 唐志超：《失序的时代与中东权力新格局》，载《西亚非洲》，2018年第1期，第46页。

强的持续介入或殖民统治之后独立。从现实来看,东地中海地区国家之间存在不同程度的深刻矛盾,既有历史恩怨与领土纠葛,也有现实地缘政治与国家利益纠纷,还夹杂着宗教与文化因素。地区国家之间曾经爆发多场战争与冲突,但也有结盟与合作,迄今未能解决的多个冲突与矛盾反而将地区国家紧密联系在一起。21世纪以来的天然气大发现又引发了地区国家间的激烈争夺,"阿拉伯之春"以来的大范围地区动荡、地区主导权争夺以及国际难民危机也反映出鲜明的区域性联动特征。

互动紧密的东地中海地区无疑处于一个国际体系之中,但其是一个地区国际社会吗?从国际体系和国际社会的不同视角出发来考察东地中海地区的发展演变,有助于深入理解该地区国际关系的共性与特性。

一、国际体系视角下的东地中海地区国际关系

国际体系是当代国际关系研究的核心与基础概念,主流国际关系理论多从国际体系出发研究国际关系。结构现实主义经典理论把国际体系的结构主要视为大国之间的权力分配,强调权力分配对国家行为和国家间互动产生的影响。[1] 行为体及其权力对比与分配构成国际关系结构,国际体系就是由行为体、国际格局和国际规范共同构成的。因此,从国际体系即行为体及其权力关系的角度来认识国际关系是一个基本分析路径。据此,可以从以下三个方面来考察奥斯曼帝国崩溃以来的当代东地中海地区国际关系。

首先,从行为体及其权力分布的角度来看,东地中海地区主

---

[1] 章前明:《论英国学派的国际社会理论》,载《世界经济与政治》,2005年第7期,第33页。

要包括四个层次的国际关系行为体。一是域外大国，主要是美、欧、俄，它们对东地中海地区拥有较为突出的综合影响力。该地区长期是大国角逐的舞台，域外大国对地区格局有更大程度上的决定性影响。二是地区大国，包括土耳其、埃及、以色列和希腊，这四个国家是东地中海地区相对强势的行为体，各有自身的独特影响力。三是地区小国，即四个地区大国之外的六国，国家实力不足从根本上限制了其影响力。四是非国家行为体，包括内战中的反对派、分裂的地方实体等次国家行为体和国际恐怖组织等跨国家行为体。

其次，从行为体之间关系的角度来看，东地中海地区国际关系主要受到三方面因素的影响与塑造。一是地区国家间历史恩怨与现实矛盾，如土希矛盾、阿以矛盾、穆斯林兄弟会（以下简称"穆兄会"）会与反穆兄会的矛盾等。二是持续不断的地区热点问题，包括巴以冲突、叙利亚内战、利比亚内战、东地中海天然气争端等，这成为影响地区国际关系的显性因素。三是域外大国的干预，主要是美、欧、俄之间及其与地区国家间的争夺与博弈。历史上，英国在中东推行的"分而治之"政策极大改变了中东地缘政治格局，基本奠定了当代中东政治的地缘政治根基。二战后，美国继承英国的地缘政治传统，进一步推动了中东地缘政治版图的碎片化。①

最后，从行为体权力关系变化的角度来考察东地中海地区国际关系的历史演变。1918年之前，东地中海地区仍主要处于奥斯曼帝国的统治之下，部分地区逐步获得独立或成为列强殖民地，地区国际关系主要体现为欧洲列强对奥斯曼帝国的争夺。奥斯曼帝国崩溃后的当代东地中海地区国际关系发展演变历程，可以划

---

① 田文林：《英国在中东的"分而治之"政策及其后果》，载《西亚非洲》，2020年第3期，第60、66页。

分为以下四个阶段。

第一阶段是从一战结束到二战结束（1919—1945年）。一战结束后，除了土耳其最终获得独立之外，以英法为代表的西方列强瓜分了原奥斯曼帝国统治的阿拉伯地区，将之纳入自身的地区殖民统治体系。东地中海地区国际关系主要体现为欧洲列强之间对殖民地的争夺，阿拉伯国家统一建国的尝试遭到失败，经过博弈与局部调整，现代民族国家疆界固定下来。与此同时，地区国家民族主义逐步上升，新的热点问题处于酝酿之中。

第二阶段是冷战时期（1946—1990年）。二战结束后，旧殖民主义体系瓦解，东地中海地区国家纷纷独立，但旋即陷入战争与冲突之中。美苏冷战及其对中间地带的激烈争夺导致中东地区出现"热战"，其突出表现即为阿以冲突，五次中东战争塑造了这一时期的地区基本格局。以1978—1979年为界可以将这一时期分为前后两个阶段，标志性事件是《戴维营协议》的签订和伊朗伊斯兰革命，前一阶段以战争与冲突为主，后一阶段则陷入冷和平状态。

第三阶段是后冷战时期（1991—2010年）。冷战后大国争夺下降，美国的全球影响力上升，在中东地区的霸权地位达到顶峰。东地中海地区热点问题普遍降温但难以得到真正解决，巴以和平进程取得进展但在进入21世纪之后陷入僵局，地区国家间关系缓和但仍较为冷淡。土耳其对阿拉伯国家的关注度上升，与希腊关系也因发现海上天然气而逐步嵌入东地中海地区国际关系之中。美国在中东地区发动的反恐战争深刻改变了地区局势，恐怖组织的影响力上升，黎巴嫩真主党、哈马斯（巴勒斯坦伊斯兰抵抗运动）等非国家行为体通过局部冲突或选举等方式扩大了影响力。

第四阶段是中东大变局时期（2011年以后）。"阿拉伯之春"

爆发以来,"中东进入大动荡、大调整时期",① 传统的地区权力体系遭到颠覆,联盟体系瓦解,国家碎片化,以政权为中心的国家权力结构面临非国家行为体的严峻挑战。② 埃及、利比亚、叙利亚等东地中海地区多国陷入政治动荡与内战,地区国家间关系剧烈起伏。土耳其、以色列及域外国家深度介入叙利亚内战、利比亚内战和埃及政局之中,地区国际关系更趋复杂,对抗性显著上升。与此同时,新的地区热点问题凸显,如东地中海天然气争夺。这一时期,东地中海地区国际关系出现了一些新变化,域外大国特别是美俄对其进行干预和控制意愿减弱;地区大国争夺意愿上升,地区影响力扩大,试图塑造新的地区秩序;地区小国不得不选边站队;穆兄会、"伊斯兰国"极端组织等非国家行为体空前活跃,成为影响地区国际关系的重要变量。

东地中海地区国际关系在域外大国关系和地区权力格局的影响下持续演变,表现出如下特点。一是地区格局变化呈现紧张—冲突—缓和的周期性特征。其间,域外大国的决定性作用始终较为突出。二是地区国际秩序具有不稳定性。地区修正主义力量上升,与现状维护者的对抗使地区国际秩序面临挑战。埃及、希腊是现状维护者,土耳其是挑战者;地区小国是现状维护者,非国家行为体是挑战者。百年未有之大变局下,中东地区秩序进入动荡转型期,不稳定性、不确定性构成了过渡性地区政治格局的基本特征。③ 三是地区国际关系呈现阵营化特征。无论是冷战时期,还是当前,东地中海地区国家间关系均易陷入阵营对抗。如以色列与周边阿拉伯国家之间的对抗、近年来叙利亚问题上支持和反

---

① 黄民兴:《中东历史与现状二十讲》,北京:中国书籍出版社,2019年版,第36页。
② 唐志超:《秩序、意识形态和模式之转换——中东剧变以来的地区政治发展》,载《西亚非洲》,2020年第5期,第42页。
③ 马晓霖:《冷战后三十年中东国家政治发展管窥》,载《西亚非洲》,2021年第5期,第30页。

对巴沙尔的阵营对抗、穆兄会与反穆兄会的阵营对抗、利比亚内外各方的东西对抗及土耳其与希腊等国的海上对抗。四是地区热点问题长期化，并存在失控风险。"阿拉伯之春"以来，域外大国干预下降，地区国家能力有限且相互对抗，非国家行为体力量上升。从现实来看，叙利亚、利比亚国内冲突陷入僵局难以解决；巴以问题难解且随时可能重新爆发，成为重大热点冲突。中东伊斯兰地区与国际体系的关系长期紧张，甚至经常以冲突的形式影响国际体系的发展和转型，这与该地区非国家行为体的突出作用密切相关。①

"环地中海地区尤其是中东，集中体现了当下国际形势的特点，也是国际大变局的地区化反映。……当前环地中海地区秩序正处于瓦解过程之中，新的秩序和格局形成尚需时日，新旧交替的过渡期难以避免伴随着动荡。"② 从国际体系角度来看，行为体之间实力发展不均衡和部分行为体不接受现行国际秩序，都可能导致国际体系不稳定和国际关系的分化组合。以土耳其为例，其介入叙利亚、利比亚和东地中海的武装冲突或地缘政治博弈，增加了冲突的烈度与复杂性，成为影响地区国际关系的关键行为体之一。在叙利亚，土耳其长期保持军事介入，支持反对派武装，连续多次开展越境军事行动，打击叙北库尔德人，并在当地培养代理人。在利比亚，土耳其支持西部民族团结政府，并在2019年11月27日与之签订海上划界协议。土耳其在利比亚驻军长期化，通过军事援助，显著改变了利比亚内战格局。在巴以问题上，土耳其扮演巴勒斯坦和"圣城"的"代言人"，并与哈马斯关系密切。在海上，土耳其推行"蓝色国土"战略，利用海上资

---

① 刘中民：《中东伊斯兰地区与国际体系的关系缘何紧张——次国家行为体视角的分析》，载《国际观察》，2009年第5期，第59页。
② 唐志超：《中东剧变以来环地中海国际关系的变化及影响》，载《人民论坛》，2020年12月中，第103、105页。

源勘探和军事化护航拓展自身海上权益和资源份额。土耳其在东地中海地区的强势外交，既受到争夺油气资源和地缘政治权力的现实利益推动，也反映了其对历史与现状的深层次不满，是其积极进取的外交政策的反映和重要组成部分。①

二、国际社会视角下的东地中海地区国际关系

国际关系中的英国学派把国际社会视为核心概念和研究出发点，强调共同利益、规则、价值和制度在国际关系中的重要性，关注国家间合作的因素和有规范的交往关系。② 英国学派关注的是国际关系的社会性，强调国际关系中存在的规则、规范、制度及其与国际秩序的关系。③ 国际社会从国际体系演化而来，国际社会可以形成和扩展，且全球国际社会主要是从欧洲演化而来的。

赫德利·布尔（Hedley Bull）认为，"如果一群国家意识到它们具有共同利益和价值观念，从而组成一个国际社会，也就是说，这些国家认为它们相互之间的关系受到一套共同规则的制约，而且它们一起构建共同的制度，那么国家社会（或国际社会）就出现了"。④ 因此，有国际体系并不代表存在国际社会，只有当体系内国家受到共同制度的支配并共同建设制度时，才存在国际社会。国际社会状态下，国家之间以共同遵守的规范、规则和制度为纽带，国家之间的互动是社会性的。布尔认为，国家间

---

① 邹志强:《"蓝色家园"战略与土耳其的东地中海政策》,载《新疆社会科学》,2022年第2期,第96页。
② 章前明:《论英国学派的国际社会理论》,载《世界经济与政治》,2005年第7期,第34页。
③ 张小明:《国际关系英国学派——历史、理论与中国观》,北京:人民出版社,2010年版,第146页。
④ 赫德利·布尔著,张小明译:《无政府社会:世界政治秩序研究》,北京:世界知识出版社,2003年版,第10—11页。

的频繁互动以及国际体系内部的规则和组织机构均会促使各国接受共同的价值和制度，推动某种程度上的认同和融合，进而带来国际社会的产生。① 而源于欧洲的国际社会向全球扩展时，遭遇异质或多元文化的挑战，构建起共同身份是其中的关键。巴里·布赞（Barry Buzan）认为，共同文化或共同利益观念并非生成国际社会的必要条件，只有共同身份才是国际体系走向国际社会的最好理由，共同规范、规则和制度最终必须产生共同身份或由共同身份产生形成"我们性"。② 相互承认主权和法律平等意味着国家相互接受对方为同一类实体，即最低程度上对共同身份的接受。③ 结合相关理论概念，可以从结构、制度与规范三重维度来理解国际社会视角下的国际关系。

首先，从结构维度来看，与结构现实主义强调国际关系的物质性结构不同，国际社会理论强调国际政治的社会维度，将国际关系视为存在着某种社会秩序的社会性结构，强调共同利益观念、共同价值以及受法律和道德规则约束的共同意识，国家如何看待对方是决定其交往方式的重要因素。因此，国际关系中存在社会性结构，受到一套共同规则制约、共同参与相关国际制度运作的国家间互动关系。④

其次，从制度维度来看，制度规范国家行为是当代国际政治的基本特征。主权国家在国际体系中无法孤立存在，必然产生互动联系，互动时自然需要规则。英国学派把规范、规则和制度的

---

① 唐小松:《英国学派的发展、贡献和启示》，载《世界经济与政治》，2005 年第 7 期，第 23 页。

② Barry Buzan, "From International System to International Society: Structural Realism and Regime Theory Meet the English School", *International Organization*, Vol. 47, No. 3, 1993, pp. 327−352.

③ 章前明:《论英国学派的国际社会理论》，载《世界经济与政治》，2005 年第 7 期，第 32 页。

④ 胡令远、王梦雪:《东亚国际社会建构与中国外交战略选择——以英国学派国际社会理论为视角》，载《东北亚论坛》，2015 年第 4 期，第 87 页。

创设与维持作为国际关系理论研究的核心,把制度视为维持国际秩序的中心。① 国际社会理论尤其重视对共同制度、规则、规范的研究。布赞将制度(特别是首要制度)作为分析国际社会形成、扩展的起点与核心,他认为制度展现出了国际社会的本质内容,支撑着国家关系中的秩序。国际体系之所以演进成为一个国际社会,其核心要素是国家行为体之间存在共同制度。②

国际社会及其制度具有层次性、等级性特征,因为某些制度规范更基础且更具普遍性。布赞认为,主权、领土、外交、大国管理、民族主义、人的平等、市场等是首要制度。首要制度是现代国际社会开始就存在的根本性制度,是国际社会中深刻的、演变而来的并通过历史性建构的社会结构,与近代才出现的工具性的次要制度形成鲜明对比。③ 首要制度下还有派生制度和次要制度,体现出层次性、等级性。例如,主权之下有国际法、不干涉等派生制度,而联合国大会、国际法院等属于次要制度;领土之下有边界这一派生制度,而维和部队属于次要制度;外交之下有双边主义、多边主义等派生制度,而外交官、国际会议、联合国、国际组织、仲裁等属于次要制度;大国管理之下存在联盟、战争、均势等派生制度,而联合国安理会、北约等属于次要制度;民族主义之下有民族自决、人民主权、民主等派生制度,而维和部队属于次要制度;人的平等之下有人权、人道主义干涉等派生制度,而联合国难民署等属于次要制度;市场之下有贸易、金融自由化等派生制度,而世界贸易组织、国际货币基金组织、

---

① 章前明:《英国学派的国际社会理论》,北京:中国社会科学出版社,2009年版,第183页。
② 张强、吴勇:《同质性与异质性:英国学派双重国际社会生成逻辑》,载《教学与研究》,2016年第8期,第85页。
③ 山秀蕾:《英国学派首要制度思想研究》,南京师范大学硕士学位论文,2019年9月,第15页。

国际清算银行等则属于次要制度。①

最后，从规范维度来看，国际制度的功能及其合法性带来规范。制度主义将制度与规范紧密联系在一起，大多理论对规范、规则、制度不加区分。实际上，规范在很大程度上可以理解为共同的观念结构。国际社会的起源、扩展与变化，以及国际社会得以存在、国际秩序得以维持的共同价值、规则、规范和制度的重要性及其演变等是理解国际关系的核心问题。② 国际制度既是由国际社会演变而来并通过历史性建构的社会结构，又是维护国际社会的规范框架，制度将结构和规范连接在一起，居于中心地位。因此在很大程度上，制度决定社会结构，制度的功能带来规范，进而影响和决定社会秩序。在国际社会中，一种制度、观念、规则能否被共享，以及如何实现共享，关键在于其是否具备正当性与合法性。国际秩序的稳定并不是国际制度的直接结果，国际制度之所以能够发挥作用，是因为它建立起了正当性。国际制度的正当性实际上等同于其通过社会化构成一种被国际社会的主要成员普遍地、主动地接受的规范。③ 因此，制度要发挥作用，需要获得正当性，拥有正当性就成为规范。当然，制度存在规范偏好上的差异，建立正当性也不等同于拥有所有国家的共识，而主要是部分国家（特别是大国）的共识，因为国际社会及其秩序是有等级的。

布赞将首要制度的功能总结为五个方面，并以此为标准对制度进行统一分类，包括成员资格与身份、沟通互动、武力使用、

---

① Barry Buzan, ed. al. *From International to World Society? English School Theory and the Social Structure of Globalization*, Cambridge: Cambridge University Press, 2004, p.187.
② 张小明：《中国的"英国学派"国际社会理论研究——张小明教授访谈》，载《国际政治研究》，2016年第3期，第134页。
③ 严骁骁：《等级制·正当性·霸权：伊恩·克拉克对英国学派理论发展的贡献》，载《国际政治研究》，2022年第3期，第131—132页。

产权配置、条约协议的神圣性。① 在某种程度上，首要制度的上述五种功能可以理解为五种类型的规范，即身份规范、沟通规范、武力使用规范、产权划分规范、条约规范。身份规范来源于外部，首先表现为是否享有主权，不同宗教、民族等身份是否得到认可，行为体是否被外部接纳及其阵营归属等。沟通规范主要提供外交话语与方式、权威性交往途径等，该规范来自内外多方力量，在是否共享上存在域外大国、国际组织、多边和双边差异。武力使用规范主要是对武力使用进行限制或为其提供合法性，与大国管理、联盟、战争、均势密切相关，该规范来源于内外多方合力，在是否共享上存在不同层次的区域内联盟、外部联盟、国际组织的差异。产权划分规范主要为领土边界、市场和贸易规则、资源归属提供合法性，该规范主要来源于外部，在是否共享上存在不同问题上的认可度、合法性差异。条约规范主要是提供遵守国际法、协议的神圣性，这一规范也来源于外部，不同来源的国际法和协议的神圣性、遵守程度也存在差异。

三、东地中海地区国际社会的形成及其特征

（一）东地中海地区国际社会的形成

英国学派认为，地区国际社会可以通过向外扩展和被外部接受而逐步形成，地区国家接受某些共同的制度安排，构建起能够彼此承认主权平等的共同身份，这就是最低层次的国际社会。在全球国际社会中，当某个地区的国家行为体和非国家行为体共享与全球层次和其他地区层次国际社会不同的社会要素（国际制

---

① 山秀蕾、包思瀚：《巴里·布赞"首要制度"思想探析》，载《国际观察》，2019年第1期，第131—133页。

度）时，地区国际社会就形成了。①

从欧洲扩展开来是国际社会扩展的基本路径，而东地中海地区临近欧洲，较早地成为欧洲国际社会扩展的方向。历史上，欧洲长期将奥斯曼帝国和中东地区视为"独特的"存在，这种独特性主要源于伊斯兰教，统一伊斯兰教旗号下的政治模式与基于种族民族身份的主权国家和民族主义的理念相冲突。但阿伊拉·居尔（Ayla Göl）认为，中东与其他后殖民主义地区一样，因为殖民主义任意强加的边界从未反映出种族、部落和国家层面身份的复杂性；公民和国家之间缺乏有机关系，削弱了某些少数民族和边缘化群体的忠诚度；国家和社会之间的松散关系使民众持续保持着次国家或超国家的身份和忠诚，这助长了现代政治中的民族独立运动。② 显然，研究现代中东或东地中海地区的国际关系不能仅重视其在宗教上的特殊性，其之所以存在并形成国际社会，更大程度上是由于更为普遍的首要制度在发挥作用，包括主权、领土、外交、大国管理、民族主义等。虽然伊斯兰主义对现代民族国家的挑战日益增大，伊斯兰组织试图探索不同的政治发展道路，但当前没有哪一个伊斯兰组织是以取代民族国家为奋斗目标的。③ 从这个意义上来说，中东和东地中海地区并不独特，国际社会视角下"例外论"也并不成立。

近代以来，东地中海地区逐步被纳入以西方为主导的全球国际社会之中。然而值得注意的是，奥斯曼帝国崩溃以来，东地中海地区国际社会并未随之完成建构，地区主体性尚不完备。根据

---

① 张强：《"英国学派"的欧盟国际社会研究：逻辑与反思》，载《国际政治研究》，2020年第1期，第41页。
② Ayla Göl, "Imagining the Middle East: The State, Nationalism and Regional International Society", *Global Discourse*, Vol. 5, No. 3, 2015, p. 387.
③ 赫德利·布尔、亚当·沃森主编，周桂银、储召锋译：《国际社会的扩展》，北京：中国社会科学出版社，2014年版，第300页。

布赞的观点，国家之间只有在愿意相互承认主权平等、产生一种共同身份时，才能形成国际社会。① 按照前述国际社会形成的最低标准，东地中海地区应该是二战结束后才出现布赞所说的"相互承认主权平等"，此时地区国家纷纷独立，地区国际组织（如阿拉伯国家联盟）出现，主权、领土、民族主义等首要制度被普遍接受和确立起来。一个真正意义上的全球国际社会是在二战后许多殖民地获得独立，且其主权得到世界大多数国家承认之后才完全形成的。② 布赞和居尔等人都认为，尽管中东地区存在制度独特性，但仍然存在地区国际社会。③

（二）东地中海地区国际社会的特征

在地区层面，行为体认同并接受国际社会的制度规范，成为全球国际社会的组成部分，但与此同时，地区国际社会又表现出自身的特殊性，具有某些不同于全球国际社会的特征，形成地区国际社会。地区国际社会的生成逻辑突显出国际社会地区层次和全球层次之间的异质性，这种异质性主要表现在制度方面。中东、东亚、南美等不同地区国际社会在制度方面都存在各自的地区特性，即异质性，尽管威斯特伐利亚体系的制度和原则得到普遍接受，但是在对人权和民主等问题的理解上，地区国际社会与西方中心的全球国际社会存在明显差异。例如，东亚地区存在两种独特的首要制度，即发展型政府和地区生产结构。全球国际社

---

① 王秋彬：《以英国学派视角审视东北亚国际社会》，载《吉林大学社会科学学报》，2007年第2期，第61页。

② Barry Buzan and Richard, eds. *International System in World History*, Oxford: Oxford University Press, 2000, p. 337.

③ Barry Buzan, ed. *From International to World Society? English School Theory and the Social Structure of Globalization*, Cambridge: Cambridge University Press, 2004, pp. 161–204; Barry Buzan and Ana Gonznalez-Pelaez, eds. *International Society and the Middle East: English School Theory at the Regional Level*, Basingstoke: Palgrave Macmillan, 2009, p. 241; Ayla Göl, "Imagining the Middle East: The State, Nationalism and Regional International Society", *Global Discourse*, Vol. 5, No. 3, 2015, pp. 379–394.

会和地区国际社会的制度差异性更为显著地体现在次要制度方面，地区国际社会存在着更为多样的次要制度，主要表现为地区性国际组织，如中东地区的阿拉伯国家联盟、东亚地区的东南亚国家联盟等。①

从欧洲这一主要研究对象的现实出发，穆罕默德·阿尤布（Mohammed Ayoob）从国内、地区和全球三个层次来分析地区国际社会的形成，并提出三个重要的形成条件：一是地区性关键大国的存在；二是对域外势力影响的成功排斥；三是地区内国家互相承认对方国家建构国际社会的努力并不将之视为威胁。② 这主要是从结构角度来建立国际社会形成与扩展的衡量指标。

从结构角度来看，东地中海地区内部多个地区大国和小国并存，地区国家间历史恩怨与现实矛盾众多，地区大国之间存在激烈的主导权争夺，始终相互警惕和提防。同时，该地区缺少关键性地区大国，无法排斥域外大国的介入，美、欧、俄以及伊朗、沙特、阿联酋、卡塔尔等中东地区大国都深度介入该地区事务，加剧了地区国际关系的复杂性。从社会性结构来说，这实际上就是无法形成更高层次的共同观念、价值和秩序。包括东地中海地区在内的中东地区没有形成以任何一个本地区国家为中心的地区秩序，而缺乏"地区霸主"造成了权力真空，地区大国甚至是基地组织、"伊斯兰国"极端组织等都试图利用和填补这一真空。③ 实际上，在结构、制度与规范三重维度中，制度是核心节点，因此应主要从制度角度来考察地区国际社会的特点。

从制度角度来看，一方面，东地中海地区并没有拒绝外来的

---

① 张强、吴勇：《同质性与异质性：英国学派双重国际社会生成逻辑》，载《教学与研究》，2016年第8期，第88—89页。
② 秦肯：《英国学派的新探索——从全球主义到地区主义？》，载《国际政治研究》，2017年第3期，第111页。
③ Ayla Göl, "Imagining the Middle East: The State, Nationalism and Regional International Society", *Global Discourse*, Vol. 5, No. 3, 2015, p. 391.

主权国家制度而去支持的传统伊斯兰制度，该地区存在与全球其他地区一致的首要国际制度，只是地区各国在现代国家制度的基础上发展出了不同政治道路。另一方面，在首要国际制度的同质性之外，该地区制度又表现出显著的差异性和特殊性。有学者认为，阿拉伯民族主义、巴以冲突和精英统治等就是中东地区独特的制度；主权、大国管理等首要制度在实践中也存在明显差异。① 除了制度的输入性之外，东地中海地区国际社会的制度特殊性主要表现在派生制度和次要制度上，特别是体现在泛民族主义、泛伊斯兰主义、长期固化的地区冲突、非国家行为体作用和精英统治等方面。东地中海地区的制度特殊性见表1。

第一，国际制度的输入性。这主要表现在两个方面：一是西方外来的制度观念不断内化，主权、领土、外交、民族主义等制度从欧洲引入并逐步被普遍接受；二是由于域外大国的深度介入和规定性，地区国家间合作与冲突的限度往往难以自主决定。东地中海地区的国际制度缺乏地区主体性，域外大国主导了地区制度建设，这实际上是由地区国际社会的结构性特点决定的。该地区内部缺乏各方公认的中心国家，已有的地区制度又难以充分协调各方利益偏好，地区国家纷纷借助美国、俄罗斯等域外力量的影响力来平衡地区内权力格局，而域外力量的介入又弱化了地区国际社会的主体性建构。

第二，民族主义在中东国家形成和身份建构过程中发挥了与其他地区类似的作用，值得注意的是该地区存在突出的泛民族主义。中东地区的民族主义分为两种，即特定国家的民族主义和泛民族主义，泛民族主义由于广泛存在且影响力巨大而演变成为一种地区制度。中东民族国家体系形成之初就存在着一族多国、一

---

① Ana Gonznalez-Pelaez, "The Primary Institutions of the Middle Eastern Regional Interstate Society", in Barry Buzan and Ana Gonznalez-Pelaez, eds. *International Society and the Middle East: English School Theory at the Regional Level*, Basingstoke: Palgrave Macmillan, 2009, pp. 92-116.

国多族的问题,这些跨居于多个国家的民族大都兴起了泛民族主义,其中以阿拉伯民族主义影响最大。① 阿拉伯民族主义主要体现在阿拉伯国家联盟的成立、"纳赛尔主义"及阿拉伯社会主义的流行,以色列建国和阿以冲突的持续为纳赛尔领导下的阿拉伯民族主义注入了新的政治内涵。泛民族主义还包括泛突厥主义和大希腊主义,前者表现为土耳其对"北塞浦路斯"、叙利亚和伊拉克境内土库曼人的关注,后者则体现为希腊对塞浦路斯希族政府的支持和一体化诉求。在"阿拉伯之春"政治风潮带来的中东社会转型过程中,该地区库尔德人以争取民族权利和自治为目标的民族运动也风起云涌。② 从历史和现实来看,泛民族主义深刻影响了东地中海地区的国际关系。

第三,伊斯兰相关制度在东地中海地区具有突出重要性,传统伊斯兰主义和现代伊斯兰主义的探索都体现了地区国家对外来西方制度不同程度的抵抗。泛伊斯兰主义的意识形态在历史上一直倡导统一穆斯林社区,主张"伊斯兰民族主义"。泛伊斯兰主义作为一种制度,表现在巴以冲突、"圣城"问题在阿拉伯和伊斯兰世界受到的高度关注,埃及、约旦、土耳其等国对巴勒斯坦问题的介入,还包括国际"圣战"、伊斯兰极端主义网络的力量及其影响。2014年,"伊斯兰国"极端组织在东地中海地区核心地带崛起肆虐,宣称不承认民族国家疆界,再次将泛伊斯兰主义作为主权国家体系的可能替代,摆到了地区国家和世界的面前。当然这注定不会成功,"伊斯兰国"极端组织的失败表明,民族国家"仍然被证明具有非凡的适应性和韧性",也说明了国际社

---

① 李芳洲:《中东民族主义与政治发展:历史、现实及前景》,载《西亚非洲》,2011年第7期,第88页。
② 王佳尼:《中东社会转型与库尔德问题》,载《阿拉伯世界研究》,2016年第1期,第37页。

会首要制度的强大影响力与规定性。①

第四，长期固化的地区冲突和非国家行为体的作用。巴以冲突聚集了阿犹民族冲突、宗教冲突和地区主要矛盾，蕴含着阿拉伯民族主义和泛伊斯兰主义的力量与观念，长期深刻影响地区国家间关系，不仅埃及、约旦、叙利亚等阿拉伯国家深受影响，土耳其等国也卷入其中。巴勒斯坦问题长期得不到解决的重要原因之一在于无法摆脱"阿拉伯民族主义、伊斯兰教共同体意识两大磁体的左右和干扰"。② 希土矛盾也有着深远的历史背景和复杂的现实纠葛，同样蕴含着民族矛盾、宗教冲突，表现为塞浦路斯问题、东地中海岛屿和海洋划界争端、油气开发争夺等，也长期影响地区国际关系生态。与此相关的是，东地中海地区存在一些特殊的制度安排，也形成了对地区基本制度的重要挑战。如以色列的身份、地位和行为方式的合法性和正当性问题，土耳其回归中东和强势干预周边国家事务的合法性、正当性问题，以及黎巴嫩真主党、哈马斯、"北塞浦路斯"、"伊斯兰国"极端组织等非国家行为体的身份模糊性与合法性差异。这些都反映了东地中海地区国际社会的特殊性。

第五，精英统治背后体现出人与人关系、族群关系的特殊性，并影响到外交政策选择与国际地位。人的平等被认为是国际社会的首要制度之一，并与人权、民主等其他制度相关联。精英统治是伊斯兰国家特别是阿拉伯国家普遍存在的社会制度性现象，在很大程度上，贫富差距、性别不平等、阶层分化、老人政治、威权统治等都是其表现。精英统治在东地中海国家有着深远的历史渊源和强大的现实影响，"阿拉伯之春"以来，埃及国内

---

① Ayla Göl, "Imagining the Middle East: The State, Nationalism and Regional International Society", *Global Discourse*, Vol. 5, No. 3, 2015, p. 391.
② 马晓霖：《掣肘巴勒斯坦独立建国的外部因素》，载《西亚非洲》，2017年第4期，第27页。

政治的演变、围绕叙利亚的内外博弈以及土耳其国际地位的变化背后都有这一因素的影子。此外，东地中海地区多国的少数族裔权利地位问题也与这一特点存在关联。

表 1 东地中海地区的制度特殊性

首要制度	主要表现	派生及替代
主权	普遍尊重但存在例外，巴以冲突，阿拉伯国家不承认以色列，土耳其不承认塞浦路斯	泛伊斯兰主义
领土	普遍尊重但存在例外，巴以冲突，塞浦路斯冲突，希土海上争端	黎巴嫩、塞浦路斯、西奈维和部队
外交	双边主义、多边主义互动联系	阿拉伯国家联盟、伊斯兰合作组织
大国管理	联盟、战争、均势均有突出体现，战争多次爆发，冲突频仍	外部势力介入
民族主义	阿拉伯民族主义、泛突厥主义、大希腊主义	塞浦路斯问题上的希土之争；库尔德问题的显性化
人的平等	精英统治，少数族裔问题	难民危机
市场	贸易、金融自由化	阿拉伯国家联盟、东地中海天然气论坛

从 20 世纪初至今，泛民族主义和泛伊斯兰主义在中东地区历经波折沉浮，一度成为现代国际制度有吸引力的替代选择，甚至打破主权国家边界的"伊斯兰国"极端组织也在部分地区获得了拥趸。然而，阿拉伯民族主义遭遇了失败，泛伊斯兰主义也没有成功，都无法颠覆主权国家制度。事实证明，泛伊斯兰主义在动员精英和民众创造民族国家的替代方案方面并不比阿拉伯民族主

义更有效。① 阿拉伯民族主义与泛伊斯兰主义的兴起与主权国家身份冲突相互交织，仍作为次要制度保有独特影响力，这成为该地区国际社会的重要特性。尽管主权国家受到诸多地区特性的挑战，但它仍然是东地中海和中东地区的主要角色，国家主权和民族主义等首要制度奠定了地区秩序的底层逻辑。

从规范角度来看，在东地中海地区身份规范上，主权制度和身份规范虽然得到普遍接受，但存在例外，宗教影响十分突出。以色列不被大多数阿拉伯国家承认、巴勒斯坦没有实现独立建国、塞浦路斯主权争议、叙利亚内战后巴沙尔政权的合法性、利比亚内战中的行为体代表性等，均说明了身份规范的重要影响力。在沟通规范上，东地中海地区在外交话语与方式、交往方式方面存在共享规范，但缺乏足够权威，如联合国在巴以问题上作用有限，塞浦路斯争端陷入长期化等。在武力使用规范上，该地区存在基本的共享规范，武力使用受到一定抑制，但战争与暴力难以禁止，历史上各国竞相使用武力，域外大国的影响显著。在产权划分规范上，该地区拥有领土领海划分和市场贸易等共享规范，但争议众多，除巴以争端外的领土边界基本明确，更为突出的是海上划界争端，东地中海油气大发现几乎将所有地区国家都卷入其中。在条约规范上，国际法的渗透与规范作用不断提升，但在跨界河流、国际航运、海洋治理等领域的遵约情况存在差异，并受到地区冲突的影响。

四、东地中海地区国际社会的类型与层次

以上分析表明，东地中海地区存在一个地区国际社会，但显

---

① Sohail. H. Hashmi, "Islam, the Middle East and the Pan-Islamic Movement", in Barry Buzan and Ana Gonznalez-Pelaez, eds. *International Society and the Middle East: English School Theory at the Regional Level*, Basingstoke: Palgrave Macmillan, 2009, p. 199.

然，它和欧洲等地区的国际社会存在差异，拥有自身的地区特性，这需要进一步分析其类型与层次。

根据地区国际社会的多元主义和社会连带主义倾向，可以将地区国际社会划分为权力政治、共存、合作与聚合（融合）四种主要类型。① 在权力政治型国际社会中，生存是国家的主要动机和首要目标，价值观并非共享的必需品，只存在很少的制度，主要关于战争和外交规则。共存型国际社会建立在威斯特伐利亚体系原则之上，其核心制度是均势、主权、领土、外交、大国管理、战争及国际法。合作型国际社会建立在超越共存的基础上，但仍然缺乏内部融合或趋同；继承了许多共存型国际社会的制度，国家间合作也许包括创造共同的市场经济、追求人权和科技，以及环境管理；战争难度上升，战争作为一种制度的作用下降，其他制度的作用上升。② 聚合（融合）型国际社会是指在一组国家内，共同价值观发展到真正充分的程度，这些国家采取相似的政治、法律和经济形式，即趋同，形成一体化程度较高的地区组织，如海合会、欧盟。因此，可以制度与规范的变化为标准来分析地区国际社会的发展演变及其类型，见表2。

东地中海地区是离欧洲最近的地区，很早就受到欧洲国际社会的多方面影响。奥斯曼帝国由于其不同的文化、宗教和制度，是近代欧洲国际社会的第一个"他者"。地理上部分处于欧洲但日益衰弱的奥斯曼帝国，一步一步地按照欧洲人的条件而不是本国自己的条件与欧洲人打交道，不得不遵守欧洲的规则和标准。③ 经过与欧洲国际社会的复杂互动，奥斯曼帝国逐步引入和

---

① 张强、吴勇：《同质性与异质性：英国学派双重国际社会生成逻辑》，载《教学与研究》，2016年第8期，第88页。
② 章前明：《英国学派中的基本制度概念与国际社会观念的关联：共识与争鸣》，载《浙江大学学报（人文社会科学版）》，2021年第4期，第29—30页。
③ 赫德利·布尔、亚当·沃森主编，周桂银、储召锋译：《国际社会的扩展》，北京：中国社会科学出版社，2014年版，第24页。

接受了部分欧洲国际社会的制度，并传递至帝国境内和中东其他地方，推动了现代东地中海地区和中东地区的形成。从一战结束至二战结束期间，地区国际关系主要依附于殖民主义体系，强权政治、大国争夺占据主导地位，地区国家缺乏自主权。除了土耳其、希腊等少数国家之外，其他还基本属于西方列强的殖民地，不具有独立主权国家身份，因此未形成地区国际社会。二战后开始形成的东地中海地区国际社会的演变，可以划分为以下三个阶段。

第一，二战结束至20世纪70年代末（1945—1979年）是从权力政治到共存的过渡阶段。威斯特伐利亚体系内化，去殖民化如火如荼，民族主义兴盛，国家间战争频发。1945年阿拉伯国家联盟成立，1946年叙利亚和黎巴嫩独立，1947—1948年巴以分治、以色列建国，随后第一次中东战争爆发。主权国家体系构建的基本完成代表着地区国际社会的正式形成。当阿拉伯国家联盟宪章优先考虑尊重国家主权时，它就与欧洲一样被国际社会制度化了。[1] 1971年成立的伊斯兰会议组织（2011年更名为伊斯兰合作组织）同样将"尊重成员国的主权、独立和领土完整""不干涉成员国内部事务"奉为基本准则。这一时期，该地区国家民族主义盛行，阿以之间尖锐对立，无法接受共存，革命与战争此起彼伏。1952年埃及革命之后，"纳赛尔主义"和阿拉伯民族主义日益高涨，阿拉伯世界受此影响爆发革命浪潮；1956年、1967年、1973年又相继爆发大规模中东战争，从根本上塑造了地区国际社会的权力政治特征。此外，塞浦路斯独立之后很快陷入内部危机并最终分治，土耳其和希腊两国间对抗因此问题而加剧。

第二，20世纪70年代末至20世纪末（1979—1999年）是接受共存阶段，地区国际社会的规则与话语范式出现改变。从权

---

[1] Ana Gonznalez-Pelaez, "The Primary Institutions of the Middle Eastern Regional Interstate Society", in Barry Buzan and Ana Gonznalez-Pelaez, eds. *International Society and the Middle East: English School Theory at the Regional Level*, Basingstoke: Palgrave Macmillan, 2009, p. 94.

力政治的角度来看,1979年的中东似乎并没有什么特殊之处,然而这一年却被普遍认为是"中东历史上的关键一年"。① 这主要源于地区国际关系的主要影响因素和演变范式的变化,民族主义与伊斯兰主义此消彼长,民族主义的影响日渐减弱,伊斯兰主义的影响力逐步增强。一方面,民族主义从主体民族的主导意识形态扩散至地区少数族群,成为其争取权利的利器,库尔德人问题的凸显就是突出例子。另一方面,埃以媾和使得阿以之间进入冷和平和共存状态,加剧了阿拉伯民族主义的衰落;而伊朗伊斯兰革命之后伊斯兰复兴运动风起云涌,伊斯兰主义从民间到官方广泛兴起,对埃及、黎巴嫩以及巴以关系等产生了深远影响。

第三,21世纪以来,东地中海地区国际社会的共存规范深化,并发展出部分合作,表现出有限合作的共存型特征。这一时期,地区国际社会结构变化不大,地区制度规范接受了更多的普遍性,但自身特殊性依然存在,甚至更加凸显,外交承认、武力使用、产权划分等方面的制度规范例外情况突出。大部分阿拉伯国家依然不承认以色列,战争和武力使用难以杜绝,甚至有所上升。如以色列在加沙地带军事行动、土耳其发动越境袭击、"阿拉伯之春"以来的利比亚内战和叙利亚内战等。值得注意的是,地区国家在天然气开发上发展出合作机制,2020年正式成立了东地中海天然气论坛,但其将土耳其排除在外也带来了新的矛盾与对抗。东地中海天然气问题引发了复杂的地缘政治变化,无论是从经济利益还是从国家安全的角度,土耳其都无法容忍被孤立在东地中海天然气论坛机制之外。②

---

① 小阿瑟·戈尔德施密特、劳伦斯·戴维森著,哈全安、刘志华译:《中东史》,上海:东方出版中心,2010年版,第367页。
② 周锡生:《东地中海天然气开发——地区合作还是苦涩争夺?》,载《国际展望》,2020年第6期,第64页。

表 2　东地中海地区国际社会的发展演变及其类型

阶段	结构	制度	规范	国际社会类型
1945 年之前	域外大国主导，地区国家缺乏独立性；被动联系，社会性互动有限	殖民主义、外交、战争等基本制度	外交沟通、条约体系	外部主导下的威斯特伐利亚体系
1945—1979 年	地区国家独立；阿拉伯国家间互动上升，但地区国家间关系敌对或冷淡；关键大国来自外部	认同并接受国际社会制度；地区特性凸显并演化为次要制度，如阿拉伯民族主义、巴以冲突和统治精英等制度，缺少人人平等的制度	普遍接受身份规范但存在例外；武力使用上存在显著差异；产权划分模糊；条约神圣性存在差异	权力政治型
1979—2000 年	敌对国家和解，爆发大规模战争的可能性下降，主要国家间处于冷和平状态；非国家行为体影响上升	认同并接受普遍性国际制度；泛民族主义衰落，泛伊斯兰主义上升，并成为影响更大的次要制度	对身份、沟通方式和条约规范的接受更为普遍，宗教规范的影响力上升	共存型

续表

阶段	结构	制度	规范	国际社会类型
21世纪以来	多个地区大国并立并趋向活跃，冲突多发；国家间关系松散，缺少地区性国际制度规范与组织	接受更多的普遍性国际制度，但地区特性和例外情况依然存在，甚至更加凸显，如外交上的不承认，战争和武力使用难以杜绝	身份规范深化，例外消解；领土与水资源争夺、海上划界争端等增加；有限的新合作形式和组织出现	共存(+有限合作)型

根据上述分类标准，当代东地中海地区国际社会主要体现出共存型特征。地区大多数国家民族主义情绪高涨，权力分配状况不稳定，部分国家仍处于转型阶段；历史记忆长期活跃却多是消极的，几乎所有国家都与邻国有领土、地缘或历史方面的纠纷；合作惯例脆弱且不牢固，地区性制度和国际组织欠发达，合作机制比较有限；存在多个热点冲突，战争和武力使用难以杜绝，并可能爆发新的冲突。这使得东地中海地区结构、制度和规范上的缺失和冲突较为明显，停留在共存型国际社会阶段。

布赞曾指出，英国学派提供了两条历史发展线索，一条是国际社会的扩展，另一条是国际社会的比较研究。① 从此思路出发，将东地中海地区与海湾地区国际社会进行比较分析，有助于更好地理解不同地区国际社会之间的特点与差异，见表3。

海合会国家的同质文化背景在狭义海湾地区（海合会六国）国际社会建构中发挥了较大作用，包括共同的政治文化、宗教背

---

① 任东波：《从国际社会到国际体系——英国学派历史叙事的转向》，载《史学理论研究》，2014年第2期，第109页。

景及国际认知等。海合会六国在政治、安全、经济等领域内有诸多共同利益，并且建构起有效的国际制度与国际组织，呈现出合作型国际社会的特征。然而，一旦扩大到广义海湾地区（海合会六国和伊朗、伊拉克），行为体之间在保持伊斯兰国家同质性的同时，在民族、宗教教派、政治文化等方面的异质性上升，身份和威胁认知差异明显，甚至存在领土争端和武力对抗，只能开展有限的地区合作，因而表现为共存-合作型国际社会。相对于海湾地区，东地中海地区的异质性更大，矛盾更为复杂，合作更为有限，基本停留在共存型国际社会阶段。

表3 中东次地区国际社会的比较

维度	东地中海地区	狭义海湾地区	广义海湾地区
结构	主体异质性显著；无核心大国，权力分散；矛盾突出，大国争夺激烈	主体同质性显著；有核心国家，权力集中；偶有矛盾	同质性与异质性并存；多个大国、权力分散，存在重大矛盾冲突；域外大国介入，影响较大
制度	首要制度被普遍接受，但存在特殊和例外情况，如国家建构上的对立，外交上的不承认，战争和武力使用难以杜绝，合作较为有限	首要制度被普遍接受之外，还有源于民族、宗教和部落家族的共同文化制度；合作持续开展，合作程度较高，爆发战争可能性较小	首要制度被普遍接受之外，还有源于民族、宗教等的特殊制度安排；合作有限，合作程度不高，爆发战争难度较大但可能性依然存在，武力使用难以杜绝

续表

维度	东地中海地区	狭义海湾地区	广义海湾地区
规范	对共同身份、沟通、武力、产权、条约的认同度有限；身份规范深化，例外消减但仍多元；资源争夺、海上纠纷和冲突较多；合作形式和合作组织十分有限	对共同身份、沟通、武力、产权、条约的认同度很高；有高层次的合作组织及其规范；适用争端较少	对共同身份、沟通、武力、产权、条约的认同度较高；存在适用争端，身份差异明显，存在关于领土领海和地缘政治等复杂争端
国际社会类型	共存型	合作型	共存-合作型

五、结论

不同于国际体系视角以权力结构为核心的分析，以国际社会视角出发可以为解读纷繁复杂的东地中海地区国际关系带来新的认知。从国际社会理论的视角来看，东地中海地区国际关系的演变历程是结构、制度与规范不断被内化和接受的过程，随着更多的制度、规范被地区国家普遍接受，首要制度日益深入地塑造了地区基本的共同身份、理念与规范，地区国家间关系呈现出阶段性变化，国际社会的类型层次也随之嬗变。

当然，东地中海地区的权力结构分散，不存在地区性关键大国，更缺乏在地区内外具有较高影响力的中心国家，地区国际社会建构过程受到非常明显的域外大国干预，地区国家主体性较薄弱。同时，普遍国际制度的合法性和权威性不足，地区国家既缺乏共同文化支撑，也缺乏足够的共同利益基础，对共同身份难以达成足够共识,缺少共同体意识。由于地区结构、制度与规范异质性突出,泛民族主义和泛伊斯兰主义等多种竞争性替代方案产生了复杂影响,该地区形成更大的共同身份认同面临较多阻碍,合作难以有效开展,因此仍停留在低层次的地区国际社会水平上。

某种意义上,处于欧洲与中东结合部的东地中海地区是一个真正全球性国际社会是否可能的试金石。全球国际社会如何在文明差异或多样化背景下实现共同发展?显然,地区国际社会建设有助于维持地区稳定与促进区域内合作,推动国际社会建构符合地区国家的共同利益。处于同一地区的国家是"搬不走的邻居",地区国家之间实际上存在密切而复杂的制度联系。历史与现实表明,基于权力互动的国际关系无法从根本上解决地区问题,未来,地区国家应考虑基于共同利益与共同价值,从结构、制度与规范层面推进地区国际社会的构建,寻找更多的"我们性"。这既需要地区大国发挥关键作用,排斥域外势力的干涉,也需要普遍承认的国际制度规范,消除国家建构的对立与冲突,通过努力探索并共同构建契合权威性规范的互动与合作关系,找到一个更为有效和长久的国家间相处之道。

Structure, Institutions, and Norms:
The Evolution of International Relations
in the Eastern Mediterranean Region

Abstract: From the dual perspectives of the international system and the international community, the evolution of international relations in the Eastern Mediterranean region presents a complex and pluralistic picture. Unlike the power-centered analysis of the international system perspective, the evolution of international relations in the Eastern Mediterranean within the international community framework reflects a historical process of continuous internalization and acceptance of structures, institutions, and norms. Europe is the origin of the international community's formation and expansion. The Eastern Mediterranean region was influenced by Europe early on, but a typical regional international community did not emerge until the end of World War II. The Eastern Mediterranean international community maintains institutional homogeneity with the global international community while demonstrating distinct regional characteristics. Besides the externally-driven nature of institutions, its uniqueness is mainly manifested in secondary institutions, including pan-nationalism and pan-Islamism, long-term regional conflicts, the role of non-state actors, and elite rule. Due to significant deficiencies and conflicts in structure, institutions, and norms, the Eastern Mediterranean region remains at the stage of a coexisting international community.

Keywords: Eastern Mediterranean Region; International Society; Structure; Institutions; Norms

环地中海学三大体系建设杂谈
——"环地中海学建设学术研讨会"纪要

内容摘要：为更有针对性地、更加高效地推进我国环地中海学的建设和发展，将浙江外国语学院打造为我国环地中海学建设的高地，环地中海研究院与东方语言文化学院共同主办了"环地中海学建设学术研讨会"，诚邀国内学界翘楚，就环地中海学三大体系的建设和发展，把脉问诊，献计献策。专家们认为，地中海世界丰富的历史内涵、文明互动兴衰及中国与地中海区域文明交流互动是环地中海学研究的应有之义，应以跨学科思维和有组织的科研，推进文明比较研究，做好学术史研究与学科体系建设，以服务国家和地方。

关键词：环地中海学　三大体系　学科建设

整理者：李兴刚，浙江外国语学院环地中海研究院院长助理、东方语言文化学院副教授。

2023年12月9日上午，浙江外国语学院环地中海研究院与东方语言文化学院在杭州市华北饭店共同主办了"环地中海学建设学术研讨会"。来自中国社会科学院、商务印书馆、复旦大学、上海外国语大学、上海社会科学院、西北大学、内蒙古民族大学、河南师范大学等高校和机构的十余位专家学者就更好推进我国环地中海学的建设和发展深入研讨，提出了许多具有前瞻性、战略性的观点。会后，环地中海研究院对各位专家学者的会议发言进行了整理。

内蒙古民族大学发展规划处处长、环地中海研究院学术委员会委员、教授王泰指出：

环地中海研究院院长马晓霖在建院时曾提出响亮口号，即致力于政界、学界、商界三界互通。由是观之，研究院则具有历史、国政、外语三学互融之特点。习近平总书记强调："把握国际形势要树立正确的历史观、大局观、角色观。"从这个角度来看，应该着眼于三个方面的研究：第一，从坚持正确的历史观出发，关注地中海世界丰富的历史内涵，回答地中海究竟是一个什么样的海的问题；第二，从坚持正确的大局观出发，关注经济全球化在东西方的不同图景，回答自地理大发现以来，地中海文明因何而兴、因何而衰的问题；第三，从坚持正确的角色观出发，关注当代中国与地中海世界的文明交流互鉴，回答地中海地区关于共建"一带一路"与构建人类命运共同体的命题。

在此基础上，我谈几个方面：

第一，宜以系统思维推进环地中海研究。从整体的角度看，目前比较受重视的仍是中东研究板块，集中在西亚、东地中海、北非（南地中海）地区。需要进一步加强对北地中海区域，以及西班牙、葡萄牙、意大利、法国等的研究。希腊方面的研究亦有必要加强。

第二，强化海洋研究。建设海洋强国，需要重视对地中海地区的研究。马晓霖院长提出"环地中海"这一概念，填补了区域国别研究中的一个缺口。在国家区域国别研究的学科发展中，海洋本身更需要强调。当研究奥斯曼帝国的历史时，通常关注陆地。但在历史上，海洋对地中海、南欧、北非和西亚之间的交互起到非常重要的作用。现在，环地中海研究在强调陆地的同时，也应注意海洋部分。

第三，环地中海学作为一个学术领域刚刚起步，需要平衡好学术研究与服务的关系，这是当前的任务之一。学术探讨和概念理清需要更深入的学理化和概念建构。学术是建构出来的，中国的学术也是由包括在座诸位在内的专家建构出来的。像唐志超、马晓霖、郭长刚、周烈等专家学者的言论影响深远。但是一些学术概念还需要进一步提炼。同时，从服务角度看，对区域国别研究智库的功能定位可能还不够明确，需要进一步探讨其功能和作用是什么。

中国中东学会副会长、环地中海研究院学术委员会副主任、上海外国语大学中东研究所教授刘中民指出：

第一，做好环地中海研究的学术史，是未来研究的一个重要方向。需要对国内外环地中海研究的学术史进行整理，整理出经典著作，让年轻人阅读并掌握。需要把这些书籍与环地中海区域形势发展动向联系起来，为此，可以从学科入手，吸引年轻人参与，向外推广这个学科，并在研究生和年轻教师中推广。可统筹分工，比如谁负责英国研究，谁负责法国研究，谁负责德国研究等。我们需要逐步清晰地阐述环地中海研究的过去和现在，这是研究的一个新起点，甚至可以自己立项推动。

第二，理清过去的学术史和概念，确定学科的整体定位和优势领域。从整体定位来看，环地中海研究涉及历史、政治、社会形成、宗教等多方面，需要确定基本层次，以确立环地中海学的学科地位。从国内外来看，我们的优势可能在历史人文领域。

第三，环地中海要成为一个整体，需要通过关系研究来串联各个方面，例如贸易、宗教、文明交流、战争等方面的关系；需要梳理清楚环地中海国家在文明圈、文化圈、贸易圈、宗教经济交往圈等领域的联系。

第四，要有中国做环地中海研究的主体意识。无论是历史上还是当下，中国与环地中海世界的关联性都很强。从历史角度看，这个关联性有很多值得探讨的方面，这是有很多故事可讲的领域。因此，中国的环地中海研究应该发挥主体意识，要体现中国特色和中国关怀。

西北大学中东研究所副所长、教授闫伟指出：

在区域国别研究中，将环地中海地区作为研究对象，在国内可能是马晓霖教授最先提出的。随着对其他海域研究的兴起，人们开始关注更多的地理区域，这是一种重要的视角转换。

在区域国别学蓬勃发展、堪称显学的背景下，环地中海研究具有明显的跨学科性。从历史上看，几大帝国，包括希腊、罗马等，都是围绕地中海建立了某种霸权、某种权力、某种共同体。地中海区域国家较多，文化语言也具有多样性，因此，面面俱到并不现实。首先，要抓地中海区域的一些重点国家和支点国家，比如埃及、叙利亚、以色列、土耳其、西班牙、意大利、阿尔及利亚等。像西班牙、意大利这样的国家，其实研究者也不多，但是这些国家显然具有一定重要性。这正是环地中海研究的一个重要增长点，因为目前缺少对这些国家的系统研究。像是巴以冲突当中的西班牙，它的立场显然和东欧、西欧、北欧国家的立场不完全一样，我觉得这可能也是一个研究的切入点。

其次，文化方面，就像土耳其，它有"上帝之眼"（起源可追溯到古埃及和腓尼基时期，象征着抵御负能量的历史文化符号），但以色列也有，好像希腊也有。它们在很多地方都是类似的。那么，在这种背景下，车效梅教授和于殿利教授作为这方面的专家，可能更熟悉不同文明之间的相互比较与互动。

再次，从现实角度来讲，可以和外国语言文学进行衔接，形成"语言+历史"的环地中海研究。环地中海研究具备较强的现实性，特别是在服务浙江省对外经贸方面。对服务地方、服务国家、服务对外开放也具有重要意义。在资政服务方面，马晓霖院长已经开始大力做了，多份资政报告获中央和地方政府的肯定性批示。浙江已与地中海沿岸国家建立了经贸联系，我个人认为，可以在史学方面作系统深入研究。一方面向上延伸，即研究浙江省和地中海沿岸国家原来是怎样贸易及怎样取得贸易联系的；另一方面向下延伸，即在当前共建"一带一路"的背景下，研究怎样通过经贸联系更好地争取资源、讲好中国与地中海世界合作的故事。

中国中东学会副会长、复旦大学中东研究中心主任、环地中海研究院学术委员会委员、教授孙德刚指出：

现在全国的区域国别学研究遍地开花，但浙江外国语学院的环地中海研究是全国第一家，而且做得非常好。区域国别学可分成如下几个层次：一是国别学；二是区域学；三是跨区域学；四是全球学。

环地中海研究有三个特点：一是基于海洋；二是跨区域，以往的区域国别学研究是割裂的，非洲就是非洲，拉美就是拉美，那么环地中海就是把欧洲、中东、非洲这三大地区结合起来，这是跨区域的；三是关系学，研究地中海，往往是研究一种关系，从关系的角度来看中国与地中海，这一点非常重要。

就如何推进环地中海学建设，我提几点建议：

第一是进行有组织的科研。围绕全球发展倡议、全球安全倡议、全球文明倡议"三大全球倡议",围绕环地中海,确定方向,进行有组织的科研。各位青年教师在申报课题时,有意识地往这个方向去靠,这样的话就能够形成特色,因为很多情况下科研是环环相扣的,发的论文是关于环地中海研究的,那么最后出版的专著也是关于环地中海研究的,拿到的优秀获奖成果也是关于环地中海研究的。这样的话,就把外语高校的转型和环地中海研究的增量结合起来,就把四大学科——外国语言文学、世界史、经济学、政治学结合起来,形成学科交叉,促进共同发展。

第二是提升资政服务能力。资政不仅是为浙江省外事工作服务,也是为国家服务。在新的形势下,怎样把整个环地中海区域作为整体进行布局,是非常重要的。浙江是对环地中海区域投资的一个大省,怎样服务于这些大企业,不管是国有的还是民营的,也是个非常重要的点。拓展国外市场、服务于中国外交,环地中海研究团队当仁不让。

第三是推动全国一盘棋。全国学者能够参与全国区域国别学的分工研究,错位发展,形成特色,我相信还是能够借力的。通过正式加盟、搭建学术委员会,以及其他方法形成全国网络,是很重要的。

第四是借鉴国外相关研究成果。欧洲的学术期刊《地中海政治》(*Mediterranean Politics*)有几十年历史了,其文章还是很前沿的,可以通过与之合作扩大我们的国际影响力。

以环地中海研究为纽带,讲好中国的环地中海故事,参与全球学术分工,浙江外国语学院一定会做出特色。怎样做出特色?一是办好《环地中海学刊》,二是适时出版环地中海研究丛书,三是运行好"环地中海研究"微信公众号——这些是浙江外国语学院环地中海研究团队为中国学界提供的公共产品。

中国社会科学院西亚非洲研究所研究员余国庆指出：

第一，今后环地中海研究应进一步寻求在国家学科体系分类当中的地位。现有国家学科体系分类中，一级学科是有限的，包括法学、政治学、新兴的区域国别学等。将来环地中海研究至少应该成为区域国别学下面的二级学科，或者作为新兴交叉学科下面的二级学科。这是应该努力的一个方向——在正规的国家学科分类体系当中更能够体现出价值。

第二，在浙江省高校做环地中海学研究，应该说符合浙江省在全国的地位和影响力。现在，中共中央、国务院支持浙江高质量发展建设共同富裕示范区，整个省域作为今后中国发展道路、发展方向的一个示范区，这意味着国家对浙江省有了新定位，是对浙江新发展方向的肯定。浙江外国语学院作为浙江省高校，应该为国家发展战略服务，为浙江省在国家发展中的定位要求服务。从这个角度来说，首先要做好学科建设工作，展现出这个学科的发展潜力，这有利于学科成就的进一步提升。

第三，从学科发展方向来说，环地中海研究应该有一种更加国际化的方向，至少需要跟欧洲或其他地区的一些学术机构进行交流。环地中海区域在国际上是很重要的，法国在推进地中海联盟的建设，一些区域性研究组织也已建立。《环地中海学刊》应该更多地和国际社会进行交流，实现平台联合，比如，与法国、意大利、西班牙这些国家的地中海研究机构、刊物进行交流，有可能的话，跟他们联合召开一些学术研讨会，并把《环地中海学刊》的内容翻译成英文、法文、意大利文等多语种，向国际学术界推广。

第四，浙江省的外向型经济非常发达，浙商在全球分布很广，浙江省民营企业在整个西亚北非地区都有比较大的影响，做得相对比较好。今后可以吸引一些优秀的民营企业家作为研究顾问或特聘专家，在国外为《环地中海学刊》做一些推广和宣传——这是很多民营企业家很愿意做的事情。

上海社会科学院历史研究所所长、环地中海研究院学术委员会副主任郭长刚指出：

环地中海学应该定位于区域国别学，这个区域国别学应该服务于整个哲学社会科学，建立中国特色的学科体系、学术体系、话语体系。

回到环地中海研究，要把它当作一个环地中海学的话，最终要表达的是什么意思？最容易被主流意识形态所接受的，就是把环地中海学打造成一个研究文明交流互动的学科。要有一个专门板块，作自古以来的文明交流互动研究，或者作对当代世界具有重大意义的伊斯兰文明和基督教文明交流互动的研究。

无论如何要把环地中海学的精髓提炼出来。环地中海学作为一种"学"的话，它的本体是什么？不能说这个本体是一个地区。应该选择一些主打研究方向，不然的话，环地中海地区那么多国家，每个国家涉及一点，非常复杂，也不深入。现在要选择一个方向，最好就是伊斯兰文明和基督教文明的互动，还有古代文明的互动。从古代的、中世纪的、近代早期的文明互动出发作研究，能够凸显出我们的特色，这是我单独从环地中海学这个角度去思考这个问题。

浙江高校群雄逐鹿，我认为学校负责人应该仔细考虑我们这个学校（浙江外国语学院）的未来发展，就像刚才马晓霖老师讲的，多少年之后可能还会出现一波高校更名的浪潮——首先是外国语院校，然后是对外经贸类院校。从我们学校发展战略的角度来看，要把环地中海学作为主打，还要借助省教育厅、义乌政府等的支持，并将环地中海研究的未来发展与学校的发展战略结合起来。

中国社会科学院西亚非洲研究所政治研究室主任、环地中海研究院学术委员会委员唐志超指出：

第一，同意郭长刚教授说的，一定要赋予环地中海研究院以"灵魂"。环地中海研究院，中心有了，领军人物有了，思想灵魂也要有。中国人心目中理想的环地中海应该是什么样的？从这个方面给它赋予灵魂，然后就围绕这个一直做下去，同时制定30年规划。

第二，要使环地中海学学理化。要围绕环地中海学提出问题，即环地中海学到底是什么？到底要做什么？据此设立系列课题，做出来可能就有了整个理论框架，但是这些问题的提出可能是非常难的。

第三，要重视学科建设。一方面是健全学科体系，刚才王泰老师说欧洲这一块还比较欠缺，要加强人才建设、平台建设。现在有学刊，未来能不能搞个基地？现在已经有了培育基地，未来能不能有更大的基地？还要搞出有特色的论坛。另一方面是设立实验室，环地中海研究院所含学科比较齐全，可以尝试申报浙江省哲学社会科学实验室。

第四，关于运行机制。现在成立了很多中心，然而中心可能不如项目的推动有效，未来可能还是要设置一些项目来推动学科建设，通过各类项目将各类问题联动起来，进而推动整个学科的建设。既有的环地中海研究已经有较多成果，如何在这些人的基础上创新？这可能要求以"地中海+"或者"中国+地中海"作为主打品牌。不仅是做从历史到现实到未来的研究，还要做中国与大地中海的互动关系研究，这样，环地中海研究的品牌建设可能会更有效。这就是我刚才提到的论坛建设，每年做一期，可找海内外合作伙伴一起做。

第五，借力发展。智库的建设要借两个力，一个是借国家政策的力;另一个是借其他机制、平台之力,与中国-阿拉伯国家合作论坛、中欧论坛结合起来,成为一个更大、更高的平台,从而争取更多的支持。

西北大学中东研究所前所长、环地中海研究院学术委员会委员、教授黄民兴指出:

第一要找准定位。现在都在谈区域国别学。从英文来说,这个"学"实际上有两个概念,一是"science knowledge"(科学知识)。这样的学是真正的"学",它的领域特别宽,范围特别广,可以包括历史、民族、文化、政治、经济、社会、宗教、科学,可能还有其他方面。而且这些领域它是从古至今的。二是"study"(研究),就像我们现在说"Middle East study"(中东研究),它更多侧重于现状、现实。二者间存在很大区别。只有首先搞清楚这一点,才能明白这个学科究竟是什么学科,主要研究对象是什么。

第二要明确地理范围。因地中海位于欧、亚、非三大洲之间,环地中海研究的范围究竟应到哪里?如果无限扩大的话,可能就偏离原意了。向东可能最远到伊朗高原,往北,恐怕北欧都能算进来,往南可能到撒哈拉沙漠。

第三要确定研究范围。究竟研究什么?传统的区域划分是以陆地为基础的,比如说东北亚、东亚、东南亚等。马晓霖教授提出"环地中海"这一以海洋为中心的区域,打破了这个界定,所以这就提出了很多新的、我们过去没有思考和解决的问题。虽然这是一个难度很大的新问题,但是也提供了一个弯道超车的可能。作为新的研究领域,以下四个方面值得关注。

第一,因为现在看到的国家都是现代民族国家,在古代并不存在。古代国家的地理范围会更大,所以要突破现有的民族国家的界限,也就是说,要研究这些不同的国家和地区之间的互动。

这种互动体现在两个方面，一是西亚北非和欧洲两个文明、两个区域之间历史的互动，比如西亚、北非和巴尔干半岛的互动，比如西罗马帝国解体、衰落，为什么拜占庭帝国还能够维持长达一千年？原因就是西亚北非地区仍然是繁荣的。二是地中海连接了东亚、南亚和欧洲的历史，把整个亚欧大陆连接起来。像突厥人西迁，是从中国北边的欧亚草原西迁，一直迁到中东欧和西亚地区，导致了地中海地区奥斯曼帝国的崛起。再比如拿破仑进军埃及，他的目标直指英国在印度的殖民地，涉及南亚，但同样是在地中海地区发生的事情。而英国在地中海地区建立了一套殖民体系，它的目标是巩固在印度的殖民统治，这也超越了地中海，但事情的发生还是在地中海，所以我觉得，像这样的互动是很重要的。

第二，地中海研究的整体性。一是语言。二是宗教，三大一神教（犹太教、基督教、伊斯兰教）都有着内在的联系，都属于闪米特先知型宗教。三是政治上的统一性，即帝国。罗马帝国统治了整个地中海地区，包括后来的奥斯曼帝国等。四是一个城市的空间。伊斯兰教城市的经济结构是以清真寺为中心的一层一层的同心圆形式，基督教城市也有这个特点。实际上，跨地中海的城市有某种共同性，这个问题值得进一步研究。五是饮食。六是习俗。

第三，对地中海地区和亚非其他地区的比较研究。只有在这种比较当中，才能发现地中海地区的文明特点。

第四，确定研究方法。环地中海学具有跨学科性、综合性。因此不能局限于原有的针对特定国别的研究，比如对意大利、西班牙、希腊的研究，必须把它们综合起来去开展研究，才能够取得真正的成果。包括《环地中海学刊》，如果未来有一天，在其中发表的文章都是不局限于某个国家的，而是跨学科的、综合的成果，就真正地成功了。

中国社会科学院西亚非洲研究所《西亚非洲》编辑部主任詹世明指出：

环地中海学的建设和发展需要有组织的科研，需要依托一定的平台，还需要加强人才建设，唯如此，才能做成。可从关于非洲的区域国别研究机构的发展中获得启示。

第一，新成立的区域国别研究机构越来越多，虽说每个国家都要有人去研究，但并不一定每个国家都是不同的人去研究，可以一个人研究好几个国家。

第二，区域国别研究机构的职能越来越多样化，既可专注学术和学理研究，也可以写资政报告为专长。应该用更宽容的眼光看待这些新成立的区域国别研究机构。

第三，区域国别研究虽然尚不完备，但是各种整合已经开始了。比如中国非洲研究院就是国家层面的一种整合。省层面的整合，像湖南省就比较早地成立了中非经贸合作研究院，整合相关高校研究机构，基于前期基础规定了他们的研究方向和内容。这种整合还是有意义的，避免重复研究和资源浪费。学校层面的整合，浙江师范大学非洲研究院比较典型。学校做非洲研究的氛围、机制都已经形成了，每年至少举办一次大会，推进非洲学科建设，学校负责人和各职能部门负责人全都参加。还有一种是机构内部的整合，就是每个研究人员都要定方向、定国别。如此有一个好处，就是一般突发事件发生以后，都能找到研究人员，知道是哪几个人在研究哪个国家，或者哪个人研究哪几个国家。

第四，区域国别研究具有本地化特性，同本地的对外交往特点、形式有很大联系。除了学术研究以外，区域国别研究的很多职能都是服务于本地对外交往需要。这有很多好处，能够把相关的资源汇聚起来。像湘潭大学的非洲研究就为湖南省的对非交往发挥了很好作用，受到省政府的重视，现在湘潭大学的非洲研究人员干劲十足。

另外提几点建议：

第一，要争取校领导班子和教育主管部门等的支持。浙江师范大学非洲研究院院长、教授刘鸿武曾言，每一个成功的非洲研究院背后都有一位好校长。我认为，一位好像还不够，需要好几代校领导的支持。

第二，区域国别研究机构要形成一定的规模，这个很重要。如果研究机构达不到一定规模，就谈不上学科建设，遑论环地中海学科建设了。

第三，要有核心竞争力。核心竞争力涉及人才及人才流动，一定要把核心竞争力培养出来。

第四，打造更高层次的平台。定期举办论坛有一个好处，就是让学界有期待，有利于凝聚学界人士的注意。同时，高水平的平台会扩大国内国际影响力。区域研究，整体而言，尚处发展阶段，可发展、可创新的空间非常大。

商务印书馆总经理、环地中海研究院学术委员会首席专家、教授于殿利指出：

第一，环地中海学要考虑怎么样才能成为一个"学"。至少在学科刚起步时，要真正把这个"学"立起来，并以此为基础开展研究。要得到领导支持，先要做好自己的学问。学问做成熟了之后，自然会得到领导的认可和支持。因此要从提升内功入手。

第二，任何一个"学"，作为学术研究，要提供一个新的研究视角。在地中海研究中尤其容易陷入地理概念或区域国别的误区，所以必须明确新的研究视角。

首先，新文明视角。研究需以思想贯穿，可能还要有灵魂人物领军，才能建起研究的灵魂。应将其作为一种文明和文明形态切入。进一步讲,在新的文明视角下去研究地中海可以分为几个小层次。一是以区域国别文明为基础,并超越区域国别文明。现在的区域国别文明已经不是原来的形式,国外有很多学者对民族和国家作为文明区域的属性展开探讨(是政治单位、行政单位还是其他)。将来,文明有可能会超越这个形态,因为这个形态与人类组织形式的先进性产生了冲突。故而,需要强调互联互通、交流互鉴,这些要素保证了国家和区域作为人类组织与交往形式的个性。而这种形式实际上是物种进化的过程。因此,需要一个新的文明观和视野去突破现有的框架。如果没有,研究易落入窠臼。这种新文明观便是以区域和国别为基础,又超越区域和国别。

之所以要超越区域和国别,是因为区域和国别研究虽为显学,但它是权宜之计。成为世界强国需要通晓世界的人才。而区域和国别研究是为了培养通晓世界的人才所做的基础和准备。中华民族伟大复兴需要通晓世界的人才,从这个方面来说,所有区域和国别研究都会成为培养这类人才的基础,因此,区域和国别研究最终一定会被超越,所以环地中海学研究一定要有更高远的视野。

二是海洋文明视角,刚才讲的无论是从本质上,还有从现象上来说,都有很多东西是值得研究的。古代的一些帝国、近代的"日不落"帝国、如今称霸世界的美国,都是海洋帝国。我国大部分是内陆地区,实现中华民族伟大复兴需要清楚有关海洋的情况,所以要从海洋文明的视角挖掘环地中海学。

三是文明交流互鉴视角,人类文明取得的所有成果都是共创共享的结果,需通过对从历史事实到现实世界的研究,把这一道理深刻地揭示出来,从文明的角度来切入,超越区域,研究文明的交流互鉴。

其次,新内容。地中海区域作为一个整体,在空间上是打通的。这一区域的古代文明最能体现交流互动、共创共享。语言文字最早从这里诞生,然后成为全世界共享的成果,最早的社会自主、民主和共和也是从这里产生的。

再次,新方法。方法论是"学"建立的基础。现代科学的成就源于它的方法,不同学科由于方法的不同产生不同的认知,环地中海研究需采用综合的方法,所以对我们提出了更高的要求。不是说引用了一点其他领域里面的知识就算跨学科了,最重要的是引用其他相关学科的方法来实现本学科的创新,这才是跨学科的真谛。此外还有跨界研究,就是政商学一起研究,需聚焦政商学几方面跨界的内容,真正能够互相学到东西,而不是形式化开会。同时,不能缺少国际交流合作及校领导、外事部门的支持。

第三,确立环地中海学的目标。如果确定把"study"作为一个目标,那么需要有新的文明观、新的视野,建立起中国学者独特的世界观和价值观,这个非常重要。今天做的所有学问,要将中国故事、中国特色哲学社会科学体系上升到学术体系。

今天我国倡导构建人类命运共同体,这需要通过学术研究,通过一个个学科的研究来实现。所以,一个学问真正立起来之后,在国家和民族层面会体现出相应的世界观。

Miscellaneous Talks on the Construction of Three Major Systems of Mediterranean Rim Studies: Summary of the Academic Symposium on Mediterranean Rim Studies Construction

Abstract: To promote the construction and development of Mediterranean Rim Studies in China in a more targeted and efficient manner, and establish Zhejiang International Studies University as the hub for Mediterranean Rim Studies construction in China, the Institute of Mediterranean Rim Studies and the School of Oriental Languages and Culture at Zhejiang International Studies University jointly organized an academic symposium on Mediterranean Rim Studies construction. We sincerely invited leading scholars in the domestic academic community to deliberate on the construction and development of three major systems of Mediterranean Rim Studies and offer suggestions. Experts argued that the rich historical connotations of the Mediterranean world, the rise and fall of civilizations and their interactions, and the exchanges between Chinese and Mediterranean civilizations constitute the essence of Mediterranean Rim Studies. They emphasized promoting comparative civilization studies, enhancing academic history research and disciplinary system construction, adopting interdisciplinary approaches and organized scientific research, and serving national and local policy needs.

Keywords: Mediterranean Rim Studies; Three Major Systems; Disciplinary Construction

政治与外交

从"授人以鱼"到"授人以渔":
中国对阿拉伯国家医疗援助六十年*

内容摘要:中国对阿拉伯国家医疗援助成为中国对中东、非洲乃至整个发展中国家援助的有机组成部分。60年来,中国综合实力不断提升,中阿关系日益密切,中国对阿拉伯国家医疗援助理念发生重要转变,表现为从"授人以鱼"到"授人以渔",彰显出中国与受援国双重能力建设的不断推进。一方面,中国通过医疗援助推动受援国医疗体系完善,增强受援国自主发展能力,实现受援国从外来"输血"到自主"造血"的转变;另一方面,中国对阿拉伯国家医疗援助提升了中国向发展中国家提供医疗援助的能力,中国在医疗外交方面由"自发"转向"自觉",从具体项目导向到战略

---

* 本文系国家社科基金重点项目"大国在中东博弈的新动向与中国中东战略研究"(项目批准号:23AGJ011)的阶段性成果。感谢《环地中海学刊》匿名评审专家提出的宝贵修改意见,不当之处,由笔者负责。

谋划导向。本文将中国对阿拉伯国家医疗援助能力建设60年分为探索期、改革期、创新期和升级期，分析中国对阿拉伯国家医疗援助的新机遇与新挑战，考察中国对阿拉伯国家医疗援助理念与实践创新，探讨中阿医疗合作中推动硬能力与软能力建设的协进互动模式。

关键词： 中阿关系　阿拉伯国家　医疗援助　能力建设　公共卫生

作者简介： 贺凡熙，伊利诺伊大学香槟分校政治学系2025级博士研究生；孙德刚，复旦大学中东研究中心主任，国际问题研究院研究员。

中国和阿拉伯国家是"古丝绸之路"的共同缔造者，也是新时期中阿命运共同体的践行者。2020年新冠疫情在全球暴发后，与一些国家及媒体对病毒溯源"政治化"的行为不同，① 中国与阿拉伯国家同舟共济，守望相助，及时进行信息与经验分享，采取有效措施，就疫情应对开展密切合作。疫情暴发之初，埃及、阿尔及利亚、卡塔尔、科威特等国通过派遣特使、首脑致电致函、提供声援和物资援助等多种方式支持中国抗疫。② 新冠疫情在阿拉伯国家暴发后，中国为阿拉伯国家提供多批次医疗物资援助，派遣抗疫医疗专家队伍前往阿拉伯国家进行疫情防控经验分

---

① "US Congressman's 'Wuhan Virus' Remark Stirs 'Racism' Debate", https://www.aljazeera.com/news/2020/3/9/us-congressmans-wuhan-virus-remark-stirs-racism-debate.
② 《埃及总统塞西特使哈莱关键时期访华,赵立坚:中方表示赞赏、感谢!》,http://eg.china-embassy.gov.cn/chn/zagx/202003/t20200303_7058470.htm;《驻阿尔及利亚大使在阿主流媒体发表题为"新冠肺炎疫情的冬天即将过去"的署名文章》,http://dz.chinaembassy.gov.cn/xw/202002/t20200225_6860690.htm;《黎巴嫩圣约瑟夫大学孔子学院声援中国抗疫》,http://lb.china-embassy.gov.cn/jldt/202002/t20200214_1498569.htm;《卡塔尔航空运送300吨物资支援中国抗疫》,https://news.cri.cn/20200222/f85d4304-3e20-fe43-e4f3-16cbe4e2a04d.html;Kuwait Times, "Kuwait to Dispatch \$3 Million Worth of Medical Supplies to China: Ambassador", https://kuwaittimes.com/kuwait-to-dispatch-3-million-worth-of-medical-supplies-to-china-ambassador/.

享，通过直接捐赠、"新冠肺炎疫苗实施计划"（COVAX）等方式为阿拉伯国家援助超过1亿剂中国疫苗，并与沙特、埃及、阿联酋、摩洛哥、阿尔及利亚等国进行疫苗试验、生产或开发合作。① 中国政府、社会与市场合力推动了对阿拉伯国家医疗援助及双方医疗合作。

国内外学界关于中国与阿拉伯国家全方位合作关系的研究成果较丰富，但是关于双方公共卫生领域合作的研究成果相对较少。现有成果一方面考察60年来中国对阿拉伯国家医疗援助情况，② 另一方面关注新时期中国对阿拉伯国家的医疗援助，研究中国"健康丝绸之路"建设如何影响中东地区的秩序、③ 阿拉伯国家对中国的抗疫形象认知、④ 中阿抗疫合作进展状况等。⑤ 总体来看，现有成果主要关注特定时期中国对阿拉伯国家医疗援助实践，理论梳理尚有不足。尽管有研究回顾了中国参与中东地区卫生治理领域的进程，⑥ 但缺乏关于中国对阿拉伯国家医疗援助整体理念和发展脉络的分析，缺乏对中国对外援助能力建设（Capacity Building）的系统研究。

为此，笔者基于国内外学界现有研究成果，将中国对阿拉伯

---

① 《中国援苏丹抗疫医疗专家组与中国援苏丹医疗队交流防疫经验》，http://www.gov.cn/xinwen/2020-06/07/content_5517701.htm；《中阿两国人士分享疫苗合作经验，盛赞两国抗疫成果》，http://world.people.com.cn/n1/2021/1210/c1002-32305198.html。

② Justin Reynolds, "China and Arab States Strengthen Medical Exchanges", https://www.fiercepharma.com/pharma-asia/china-and-arab-states-strengthen-medical-exchanges；汤蓓：《中国参与中东地区卫生治理研究》，载《阿拉伯世界研究》，2019年第5期，第20—31页。

③ 张丹丹、孙德刚：《新冠疫情背景下中国在中东的领事保护探析》，载《国际关系研究》，2020年第5期，第134—153页；Yahia H. Zoubir and Emilie Tran, "China's Health Silk Road in the Middle East and North Africa Amidst COVID-19 and a Contested World Order", *Journal of Contemporary China*, Vol. 31, No. 135, 2021, pp. 335-350.

④ 袁飘、李广伟：《新冠肺炎疫情下中国抗疫形象研究综述——基于CiteSpace的可视化分析》，载《昆明理工大学学报（社会科学版）》，2021年第6期，第62—70页。

⑤ Ding Long, "Middle Looks from West to East", https://www.chinadaily.com.cn/a/202201/10/WS61db793ea310cdd39bc7ffcb.html.

⑥ 文少彪、朱杰进：《中国参与中东地区卫生治理的多视角分析》，载《阿拉伯世界研究》，2016年第4期，第45—62页。

国家医疗援助分为四个阶段进行分析。本文认为，60年来，中国对外医疗援助理念和机制与时俱进，中国对阿拉伯国家的医疗援助与医疗合作既推进了阿拉伯国家公共卫生能力建设，也促进了自身的医疗援助能力建设。中国对阿拉伯国家医疗援助总体上实现了从"授人以鱼"到"授人以渔"的转变，并在国际变局下促进了阿拉伯国家公共卫生体系建设，最终有利于打造中阿"健康丝绸之路"，构建中阿共商共建共享的"健康共同体"。

一、对外援助与援助国-受援国双重能力建设

二战结束以来，随着国际发展援助的不断进步，以官方援助为主的传统国际发展援助模式逐渐转变为多种援助方式并存的国际发展合作。20世纪90年代，能力建设这一概念应运而生。消除贫困与提升当地居民的生活水平是国际发展援助项目的主要目标；[①] 从主要提供物质和经济支持，到更多关注健康、教育等具体领域的事务，由微观转向宏观，国际社会日益关注国际制度所发挥的作用。能力建设这一概念来源于国际组织、非政府组织的国际发展援助实践。

对能力建设的需求来自对受援国缺乏"能力"的认识。国际发展援助项目与方案的实施成效受到发展中国家多方面能力不足的制约，由此引发了关于国家能力以及能力建设的设想和争论。20世纪90年代，来自不同国际组织和国别的专家对"能力"和"能力建设"进行了不同情境下的操作化定义，不同的概念设置带来了不同的结果预期。目前，联合国开发计划署对"能力"的定义应用较为广泛，即能力是个人、组织或系统有效、高效和可

---

① Susana Sastre Merino and Ignacio de los Ríos Carmenado, "Capacity Building in Development Projects", *Procedia-Social and Behavioral Sciences*, Vol. 46, 2012, pp. 960-967.

持续地履行适当职能的能力,①而能力包括参与发展项目过程的个人能力、群体能力、组织能力、机构能力等。② 在医疗卫生领域,能力指卫生专业人员、组织、团队或卫生系统有效、高效且可持续地履行既定职能的能力,这些能力可以促进实现团队、组织和卫生系统的使命、政策及战略目标。③ 总体而言,能力的提升可以更好地实现组织和系统目标。

基于对能力的认识,1991年,联合国开发计划署率先将能力建设视为多部门参与的持续过程。1992年,联合国环境与发展大会通过《21世纪议程》,对这一概念涉及的领域进行了扩充,认为能力建设包括国家的人力、科学、技术、组织、制度和资源能力等;能力建设的基本目标是在了解环境的潜力和限度以及有关国家人民需求的基础上,增强评估、解决发展方案中与政策选择和实施模式相关的关键问题的能力。④在环境与气候变化领域,能力建设的概念被较早应用,相关国际组织认为,发展中国家将经济增长与环境保护相结合的目标不仅需要财政和技术资源,还需要设计和实施政策的能力,为此,有关国际组织倡导国家建立共享信息网络、推进知识变革、将能力建设纳入环境与气候变化应

---

① UNDP,"Capacity Assessment and Development:In a Systems and Strategic Management Context", https://www.cbd.int/doc/pa/tools/Capacity%20assessment%20and%20development.pdf.

② IMF Staff,"The Role of Capacity-Building in Poverty Reduction", https://www.imf.org/external/np/exr/ib/2002/031402.htm;Robert J. Chaskin,"Building Community Capacity:A Definitional Framework and Case Studies from a Comprehensive Community Initiative", *Urban Affairs Review*, Vol. 36, No. 3, 2001, pp. 291-323;Robert M. Goodman and Marjorie A. Speers et al. "Identifying and Defining the Dimensions of Community Capacity to Provide a Basis for Measurement", *Health Education & Behavior*, Vol. 25, No. 3, 1998, pp. 258-278.

③ Anneli Milèn, "What do We Know About Capacity Building? An Overview of Existing Knowledge and Good Practice", https://apps.who.int/iris/bitstream/handle/10665/67394/a76996.pdf.

④ 张效民:《中国在非洲国家能力建设中的作用》,载《当代世界》,2014年第6期,第16—20页。

对计划中。① 在人道主义援助领域，欧盟委员会认为，能力建设可以强化人道主义组织有效提供援助的能力，促进人道主义组织分享知识、专业意见和优秀实践经验，以更好、更快地应对紧急情况，最终有效且高效地解决人道主义危机。②

能力建设是个系统过程，在空间层面强调机制统筹，在时间层面强调战略规划。能力建设的目标是实现受援国的可持续发展，提升援助效能。③ 联合国将能力建设定义为组织及社区在快速变化的世界中，发展和加强其生存、适应和发展所需的技能、本能、能力、流程和资源的整体过程，能力建设的核心要素是从内部产生并随着时间推移而持续转变的，包括组织及社区执行任务的手段、思维方式和态度的转变。联合国《2030年可持续发展议程》中的可持续发展目标第17条设立了能力建设的具体目标，联合国鼓励在发展中国家开展有效和有针对性的能力建设，其中，南北合作、南南合作和三方合作是重要路径。④ 国内和国际行为体参与能力建设过程具有变动性和长期性，既可以在短期项目中推进能力建设目标，也可以在长期项目中对一国的机构、组织、制度进行更为根本性的调整。能力建设这一概念是国际援助概念不断变革的成果，国家、国际组织、非政府组织和研究机构等不同行为体以不同方案推进能力建设，针对具体领域展开具体设计。总体来看，技术援助、人力资源开发合作、伙伴关系网络建设是各类行为体推进国家能力建设的主要方式，从受援国的角

---

① UNU-WIDER, "Research Brief: Foreign Aid, Capacity Building and Climate Change", https://www.wider.unu.edu/publication/foreign-aid-capacity-building-and-climate-change.

② European Commission, "Capacity Building", https://civil-protection-humanitarian-aid.ec.europa.eu/what/humanitarian-aid/capacity-building_en.

③ OECD, "The Challenge of Capacity Development: Working Towards Good Practice", *OECD Papers*, Vol. 6, No. 1, 2006, pp. 1-37.

④ United Nations, "Capacity Building", https://www.un.org/en/academic-impact/capacity-building.

度来看，能力建设是外部行为体输入制度、政策及实践知识，促进本土行为方式逻辑改变的过程，也是地方发挥自主性，通过实践促进现有国际援助知识框架转变的过程。

一些研究者区分了能力建设与能力发展（Capacity Development）两个概念，认为能力建设强调的是外部资源投入带来的影响，而能力发展体现了组织根据自我意愿改变和提升的过程，以及组织内的个人如何发展和保持至少胜任和理想地超出最低标准履行职责所需的能力（知识、技能和态度）。[①] 总体而言，能力发展具有更强的理想主义色彩，而能力建设更符合目前国际发展合作能实际达成的情况。中国及联合国的可持续发展目标重点涉及的也是能力建设这一概念，因此本文使用能力建设一词，以更好地诠释中国在对阿拉伯国家援助与发展合作中，外部援助推动受援国治理能力发展的过程。

随着中国的对外援助定位与机构设置日益清晰，中国回应区域国家的需求，同时服务于双方可持续发展与合作的能力也逐渐增强，援助国的能力建设成为中国对外援助行为的研究重点之一，尤其在中国对阿拉伯国家的援助与发展合作中，关于能力建设的内容反复被提及。[②]《中国的对外援助（2014）》白皮书指出，中国坚持"授人以渔"的援助理念，通过人力资源开发合作、技术合作、志愿者服务等方式，与其他发展中国家分享发展经验和实用技术，帮助其他发展中国家培养人才，增强其自主发展的造血功能。其中，人力资源开发合作包括举办官员研修班、邀请其他发展中国家政府部门官员来华研修等，内容涉及经济管

[①] 谢世清、赵仲匡：《国际开发合作中的能力发展理论——以世界银行能力发展理论为例》，载《亚太经济》，2014年第3期，第20—25页。

[②] Julius Ndumbe Anyu and William G. Dzekashu,"China's Enterprises in Africa: Market Entry Strategies, Implications for Capacity Building, and Corporate Social Responsibility", *Journal of Economics and Political Economy*, Vol. 6, No. 2, 2019, pp. 172-180.

理、多边贸易谈判、政治外交、公共行政、职业教育、非政府组织等；举办技术人员培训班，为其他发展中国家培训技术人员，涵盖农业、卫生、信息通讯、工业、环境保护、救灾防灾、文化体育等领域；举办在职学历教育项目，服务于其他发展中国家提升公共部门中高级管理人员能力的需要。技术合作方面，中国在农业、手工业、广播电视、清洁能源、文化体育等领域广泛开展技术合作，转让适用技术，提高受援国技术管理水平。中国与西亚和非洲埃塞俄比亚、布隆迪、苏丹等国开展技术合作，举办相关培训班，培训官员和技术人员，推进当地国家能力建设。志愿者服务方面，中国向其他发展中国家派遣志愿者，服务领域涉及语言教育、体育教学、中医诊治、社会发展、国际救援等。中国在促进受援国经济社会发展方面，通过改善基础设施、加强能力建设、促进贸易发展、加强环境保护等方式与受援国进行发展合作。① 而《新时代的中国国际发展合作》白皮书强调，支持发展中国家增强自主发展能力。在提高治理能力方面，帮助其他发展中国家制定规划，分享治理经验，并通过双多边合作机制开展能力建设，在推动技术进步方面，中国加强技术转移转化，帮助发展中国家提升科技创新能力和产业职业技能。具体举措包括共享科技成果、推动技术转移、加强职业技能培训等。

能力建设作为国际发展援助的核心理念之一，尽管与援助有效性紧密挂钩，但由于其定义模糊松散，往往在监督和认定上存在争议。本文关注中国对外援助中强调能力建设的过程，总结中国在吸收国际发展援助经验并结合本国对外援助实践的基础上发展出来的独特的能力建设路径。本文认为，中国对阿拉伯国家实施的医疗援助是一个协进式双重能力建设的过程，即中国"授人

---

① 《中国的对外援助（2014）》，http://www.gov.cn/zhengce/2014-07/10/content_2715467.htm。

以渔"的能力增强,阿拉伯国家实现从"输血"到"造血"的转型,见图1。一方面,随着中国综合国力的上升和中国对外援助制度机制的不断完善,中国对阿拉伯国家医疗援助的硬能力和软能力不断增强。医疗援助的硬能力包括援助强度的增加、援助对象的扩展、援助领域的扩大等;软能力则包括援助理念的创新、援助机制的完善和援助效果的提高等。另一方面,受援国是具有主动性的实体,积极促进本国实现从接受"输血"到自主"造血"的转变,公共卫生治理的硬能力与软能力不断提高,硬能力包括公共卫生基础设施硬件不断完善、医疗人员素质提升、医疗物资储备与生产设施充分等;软能力指医疗技术不断进步、医疗服务体系不断成熟、公共卫生治理体系日益完善、既有参与公共卫生治理体系的行政人员能力提升、卫生体系升级,以及医疗卫生从业人员业务能力提升等。

图1 中国对阿拉伯国家医疗援助的双重能力建设

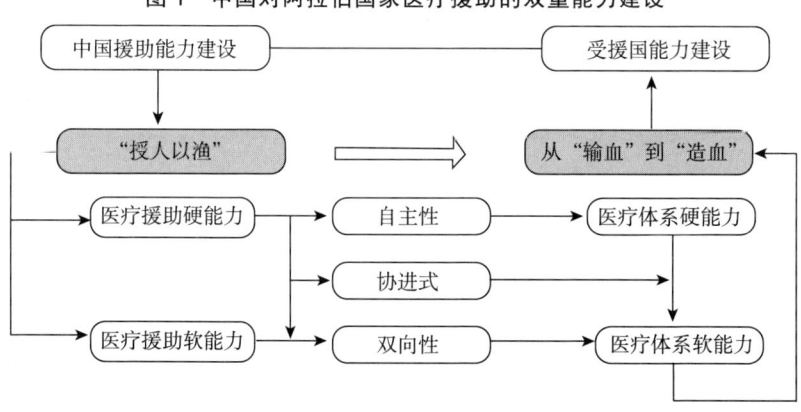

资料来源:作者自制。

二、阿拉伯国家医疗卫生能力建设发展状况

医疗卫生能力建设是国家能力建设的重要体现。在医疗卫生领域，全球化带来了应对疾病传染的跨部门、跨区域合作需求，这对全球合作带来了严峻考验。现有同公共卫生问题相关的能力建设措施包括但不限于：网络教学、培训和研讨会、技术援助、自主学习教育、社区实践、多策略干预方式等。[①] 全球医疗卫生领域的发展合作仍是以技术援助和具体项目为主，在全球卫生人力资源建设，尤其是伙伴关系网络建设上存在一定不足，区域性的卫生资源不平衡问题突出，南北之间的卫生能力不平等现象较严重。

就医疗卫生发展状况来看，阿拉伯国家医疗卫生体系相较其他区域国家较为薄弱，医疗卫生资源配置不均匀。据世界银行2022年统计数据，以阿拉伯国家为主体的中东和北非国家平均医疗保健支出占其国内生产总值的比重为4.89%，低于东亚和太平洋地区的6.61%，更远低于北美国家16.09%的平均水平。此外，中东北非国家内部医疗保健支出差距较大，黎巴嫩、突尼斯和约旦的平均医疗保健支出占国内生产总值比重分别为5.74%、6.96%和6.83%，比阿曼（2.92%）、卡塔尔（2.18%）和沙特阿拉伯（4.62%）等国家更高。

自美国"9·11"事件以来，由于域外大国干涉以及中东国家内部政治、经济、社会思潮、宗教极端主义、恐怖主义等因素的影响，阿拉伯国家在应对公共卫生问题时往往心有余而力不

[①] Kara DeCorby-Watson, Gloria Mensah and Kim Bergeron et al. "Effectiveness of Capacity Building Interventions Relevant to Public Health Practice: A Systematic Review", *BMC Public Health*, Vol. 18, No. 1, 2018, p. 684.

足。① 区域公共卫生问题存在蔓延风险，中东呼吸综合征、利什曼原虫病毒的扩散造成了跨区域的卫生安全威胁，公共卫生危机带来的衍生性政治、经济与社会影响给区域国家的治理能力带来了严峻考验。此外，该地区非传染性疾病的发病率也不断攀升，对医疗卫生资金投入与长期医疗卫生基础设施建设的需求不断上升。尽管阿拉伯国家在促进人均寿命增长、降低疾病率等方面持续发力，但阿拉伯国家卫生资源整体较少，"阿拉伯之春"以来面临的冲突问题一方面限制了其对卫生人力资源的投入，另一方面导致了大量卫生人员的流失，使得区域卫生人力资源缺乏的情况更为严峻，而确保公平获得熟练的卫生人力资源是实现同医疗、卫生与健康事业相关的可持续发展目标的关键要素。尽管一些阿拉伯国家通过网络化、数字化方式推进国家卫生战略改革，但总体而言，阿拉伯国家缺乏必要的资金与人力资源。②

面对阿拉伯国家医疗卫生治理能力不足的问题，一些国家以及世界卫生组织、联合国及一些非政府组织或积极援助，或同当地国家合作，通过技术援助、人力资源培训合作等方式促进阿拉伯国家的医疗卫生治理能力建设。阿拉伯国家备受关注的卫生问题包括传染性疾病、非传染性疾病、儿童健康、灾害/应急准备、流行病学、全球健康、卫生系统、心理健康、口腔和牙齿健康、难民健康、性和生殖健康等，域外国家在这些方面与域内国家进行了初步合作。

"共同健康"（One Health）是国际组织推进中东国家卫生健康能力建设的指导理念，该理念强调，国家应采用多学科方法应

---

① 文少彪、朱杰进：《中国参与中东地区卫生治理的多视角分析》，载《阿拉伯世界研究》，2016年第4期，第45—62页。
② Hady Naal, Maria El Koussa and Melissa El Hamouch, et al. "A Systematic Review of Global Health Capacity Building Initiatives in Low-to Middle-Income Countries in the Middle East and North Africa Region", *Globalization and Health*, Vol. 16, No. 56, 2020, pp. 1-16.

对动物、人类和环境健康交汇处的健康威胁，包括食品安全、人畜共患病控制、实验室服务、热带病、环境卫生、生物安全及抗生素耐药性等问题。① 世界卫生组织、联合国粮食及农业组织、联合国环境规划署和世界动物卫生组织四方合作，制定了《共同健康联合行动计划（2022—2026）》，以提升各国应对复杂多维健康风险的能力。② 其中，东地中海地区受到世界卫生组织的特别关注，世界卫生组织东地中海区域委员会以《共同健康联合行动计划（2022—2026）》为基础，提出了实现共同健康的区域业务框架，拟定了区域四方协调机制的职权范围，以为各国提供协调支持。③ 此外，欧洲委员会为中东北非地区国家提供技术与资金支持，资助中东北非地区非传染性疾病研究项目，推进该领域国家能力建设，并推动地中海公共卫生研究能力合作项目；④ 英国和加拿大通过加拿大挑战基金会（Grand Challenges Canada）助力中东国家青少年心理健康事业。⑤

21世纪以来，中东国家就提升本国医疗卫生治理能力、促进区域国家医疗卫生知识共享和信息交换进行了一些努力，如2018年成立的中东北非卫生信息学协会旨在推进区域卫生能力建设与卫生人力资源发展，与巴林、约旦、科威特、阿曼、巴勒斯坦、卡塔尔、沙特、阿联酋等国家政府合作制定国家卫生信息学战

---

① E. Hailat, M. Amiri and N. Debnath et al. Strengthening the One Health Approach in the Eastern Mediterranean Region, *Interactive Journal of Medical Research*, Vol. 12, No. 1, 2023.

② World Health Organization, One Health Joint Plan of Action (2022-2026): Working Together for the Health of Humans, *Animals, Plants and the Environment*, 14 October, 2022.

③ World Health Organization, *Advancing the Implementation of One Health in the Eastern Mediterranean Region*, 2022.

④ Peter Phillimore, Abla M Sibai and Anthony Rizk et al. "Context-Led Capacity Building in Time of Crisis: Fostering Non-Communicable Diseases (NCD) Research Skills in the Mediterranean Middle East and North Africa", *Global Health Action*, Vol. 12, No. 1, 2019, pp. 1-9.

⑤ Grand Challenge Canada, "UK and Canada Team up to Support Youth Mental Health Projects Worldwide", https://www.grandchallenges.ca/2021/uk-and-canada-team-up-to-support-youth-mental-health-projects-worldwide/.

略，促进卫生信息学研究和教育。①

对阿拉伯国家进行医疗卫生援助、开展医疗合作不仅需要考虑卫生系统的内部情况，还需要考虑卫生系统外部的政治、经济、社会状况。在阿拉伯国家缺乏充足医疗卫生能力的情况下，仅依靠本地医疗行业人员难以应对复杂多维的医疗卫生难题，因而有关国家倾向于通过接受域外行为体的医疗援助，来逐步建设完善本土的医疗卫生体系。

就中国对阿拉伯国家的医疗援助与发展合作历史及现状来看，中国积极投建医院、中医药原料厂，派遣医疗人员，通过中非合作论坛、中阿合作论坛等机制对阿拉伯国家进行医疗物资援助、医疗设备支持、医院工程建设、医疗卫生人员培训与支援等，为区域国家应对疟疾等传染性疾病及其他非传染性疾病提供帮助。

近年来，中国对阿拉伯国家援助日益强调能力建设，强调开展体系化、制度化实践，从人力资源开发合作、伙伴关系网络建设这两个层面衔接此前努力，推进阿拉伯国家治理能力建设。人力资源开发合作以医疗卫生人员教育与培训为主，辅以医疗队派遣，培养了解医疗卫生知识、政策、地方发展状况的当地医疗卫生人员与官员，组织开发相关课程，开展学术交流研讨活动。技术援助、知识共享、教育援助都对医疗卫生人力资源开发合作有着重要意义，中医药文化、产业、技术的推广与合作也可以在这一部分加以体现，中国对阿拉伯国家医疗卫生能力建设有较好的硬件基础，即中国援助阿拉伯国家医院等基础设施，为深化人力资源开发合作提供了坚实的基础。伙伴关系网络建设方面，对阿

---

① Dari Alhuwail, Eiman Al-Jafar and Riyad Alshammari, et al. "Middle East and North African Health Informatics Association (MENAHIA)", *Yearbook of Medical Informatics*, Vol. 29, No. 1, 2020, pp. 290-294.

拉伯国家医疗卫生公共物品的援助难以由中国一国完成，应该在这一区域结合南南合作与南北合作的力量，配合多层次、多领域的行为体参与，更好地整合医疗资源。

本文将中国对阿拉伯国家医疗援助分为四个阶段，分别是1964—1979年探索期、1979—2012年改革期、2012—2020年创新期及2020年新冠疫情暴发以来的升级期。在各个阶段，中国对外医疗援助方式均出现了一些新变化，从服务于意识形态斗争（在美苏冷战中的表现），到强调经济互利共赢，再到中国特色大国外交和构建卫生健康共同体。在这个过程中，阿拉伯国家医疗卫生硬能力与软能力不断提升，中国对外医疗援助的硬能力与软能力也不断提高，双方共同推动了中阿命运共同体建设。

三、中国对阿拉伯国家医疗援助的探索期（1964—1979年）

20世纪50年代至改革开放前，中国对新兴民族国家医疗援助具有较强的意识形态色彩。1955年万隆会议后，中国与中东国家迎来了第一波建交浪潮，中国同埃及、叙利亚、也门等国家建立了外交关系，并基于国际主义与人道主义原则对有关国家进行援助，包括医疗物资援助。据统计，1956—1965年间，中国为中东国家提供援助总额约为1.43亿美元。[①]

1963年4月，中国向阿尔及利亚派出的医疗队伍是中国向非洲也是向世界派出的第一支医疗队，标志着中国对阿拉伯国家医疗援助的开始。1963—1978年间，中国在非洲及阿拉伯国家的医疗点不断增加，还与多个非洲国家签订医疗队派遣协定书。1965

---

① Yu Zhen, "China's Foreign Aid to the Middle East: History and Development", *Asian Journal of Middle Eastern and Islamic Studies*, Vol. 14, No. 2, 2020, pp. 301-321.

年,上海单独组建赴索马里医疗队,后又组建赴阿尔及利亚、摩洛哥的医疗队伍;1966年,中国向也门派遣医疗队伍;1976年,中国为索马里援建贝纳迪尔妇产儿科医院,为毛里塔尼亚援建卫生中心,助力该国提升预防医学实践及卫生科研能力。1964年,中国提出对外经济技术援助的八项原则,确立了中国开展对外援助的指导理念和基本准则。原则第四条与第七条指出:"中国政府对外提供援助的目的,不是造成受援国对中国的依赖,而是帮助受援国逐步走上自力更生、经济上独立发展的道路。""中国政府对外提供任何一种技术援助时,保证做到使受援国的人员充分掌握这种技术"。这表明,中国一贯的对外援助理念是与本国的历史发展经验相匹配的,目的是实现受援国的自主发展,而不是形成受援国对中国的依附关系。对外经济技术援助八项原则强调,中国政府根据平等互利的原则对外提供援助,从来不把这种援助看作单方面的赐予,而认为援助是相互的。平等互利、尊重受援国主权、不附带条件、不要求特权等理念贯穿了中国对外援助历史发展进程,成为中国区别于一些传统援助国的主要特点。

这一阶段,中国的对外医疗援助同国内医疗卫生发展状况接轨。20世纪70年代,中国进一步扩大对阿拉伯国家的医疗援助,其中地方省市发挥了越来越大的作用,逐渐显示出"一省包一国"的格局。在政府援助之外,非政府组织也发挥了一定作用,中国红十字会在中国尚未同伊拉克、黎巴嫩、伊朗等国建交时,就在这些国家遭受自然灾害时提供了物资与资金援助。[①]

就能力建设而言,这一时期尽管中国试图"授人以渔",但由于阿拉伯国家的发展状况存在差异,区域总体医疗体系建设薄弱,中国对阿拉伯国家医疗援助仍以"输血"为主,直接援建医院并提供医疗设备与资源,通过短期建设项目快速令派遣的医疗

---

① 吴佩华:《中国红十字外交研究(1949—2009)》,苏州大学博士学位论文,2011年。

卫生人员有落脚之地。尽管难以在短期内弥补区域医疗资源的不足，且有限的卫生人员数量也难以满足当地就医需求，但是作为当地医疗卫生体系的补充力量，中国派遣的医疗队伍规模，援建的医疗点、医院、卫生中心的数量不断增加，参与力度不断扩大。在当地医疗卫生硬能力不足的状况下回应了当地需求，为受援国关注并提升本国医疗卫生能力建设水平提供了一定的缓冲时间。中方援建的物资设备客观上也提升了受援国的硬能力。在软能力方面，中方的技术支持主要体现在中国医生在当地发挥中西医结合的优势，开展手术技术创新、疑难杂症专项手术等，为阿拉伯国家本土医疗人员提高自身医疗水平提供了支持。总体而言，这一阶段中国对阿拉伯国家的医疗援助为保障当地民众生命安全、推动这些国家的民族解放运动作出了贡献，使中阿联系更为紧密，为未来更深层次的中阿合作奠定了良好的基础。

四、中国对阿拉伯国家医疗援助的改革期（1979—2012年）

1978年中共十一届三中全会后，中国对外援助顺应国家对外政策的变化，从"支持世界革命"逐渐转变为"量力而行"，在对外援助理念、机制和方式上都更强调务实。这一阶段中国将对外援助定位在南南合作框架之下，在坚持对外经济技术援助八项原则的基础上，提出"平等互利、讲求实效、形式多样、共同发展"四项原则，与发展中国家开展更多的经济与技术合作。① 这一阶段，中国开始探索互利共赢的合作模式，强调援助的双向性，即援外工作既要促进受援国经济发展，也要符合本国经济发

---

① 陈金龙：《上海对非洲国家经济技术援助历史考察（1960—1990）》，载《非洲研究》，2022年第1期，第177—196页。

展形势。中国在阿拉伯国家承建许多重要民生与基础设施建设项目，在援助对象、领域上呈现多元化发展态势。

在这一阶段，中国对阿拉伯国家的医疗援助更注重经济可持续性，摒弃了以往不计成本的单向援助模式，转而在援助规划中系统考量投入产出效益。在医疗援助队伍派遣方面，中国调整策略，通过协商机制引导受援国分担医疗队的生活费用与国际旅费，同时优化人员配置，合理精简派遣规模以提升援助效能。部分受援国医疗机构逐步建立市场化运营机制，对药品和医疗器械使用实施收费制度，并加大对中国制造医疗产品的采购力度，这一举措有效推动了中国医疗产品在当地市场的推广与应用。援助模式也实现了从单一医疗队派遣向全方位、多层次合作的转型升级，涵盖卫生人员双向交流、专业人才培训、医疗机构援建（如医院、疾病防治中心等）以及药品、医疗物资捐助等多元领域。在此过程中，阿拉伯国家本土医疗人员通过技术交流与经验学习，吸收借鉴中国医疗卫生领域的先进理念与实践经验，有力促进了自身医疗卫生服务体系的软实力建设。中国与阿曼、科威特、沙特、阿联酋、巴林、也门、利比亚、阿尔及利亚、摩洛哥、毛里塔尼亚等国在这一阶段签订了卫生合作协议及关于中国派遣医疗队议定书；[1] 中国还与埃及、约旦、突尼斯和科摩罗等国互派卫生代表团。[2] 这一时期中国对阿拉伯国家援助具有援助与劳务合作相结合的特点，对外援助中成套项目与技术援助的占比扩大。1977—1982年，中国卫生部先后向毛里塔尼亚派出三批共37名专家，深入该国30多个省市，对当地疟疾、血吸虫病、脊髓灰质炎、痢疾等流行病进行调查研究，绘制出该国血吸虫病、

---

[1] 丁工：《携手"抗疫"助力中阿迈向命运共同体》，载《中国发展观察》，2020年第Z8期，第57—59页。

[2] 安惠侯等主编：《丝路新韵：新中国和阿拉伯国家50年外交历程》，北京：世界知识出版社，2006年版，第236—237页。

疟疾的流行区域图，并向当地政府提出了预防措施，填补了毛里塔尼亚预防医学的空白。① 1992年4月13日，中国向叙利亚捐赠药用植物加工设备交流议定书仪式在大马士革举行。② 议定书规定，中方向叙利亚政府提供一套每年可加工400吨原料的药用植物加工设备，并将派出专家指导该设备的安装和调试。2003年，中国湖北省援阿尔及利亚针灸医疗队队员参与该国震后救援。

1981年，中国卫生部（现为国家卫生健康委员会）制定了《援外医疗队工作条例草案》，明确了援外医疗队的任务和各类队员的职能，推动更多接受正规医学训练的医生加入援外医疗队伍。③ 1992年3月12日，中国卫生部设立援外办公室，负责援外医疗队的管理工作。其中，新派遣医疗队伍的协调工作由该办公室承担，而原有医疗队的日常工作及签证事宜仍由卫生部外事司负责。在医疗援助项目的规划与实施阶段，商务部牵头开展受援国可行性调研及政府间正式谈判；执行层面，财政部、商务部和卫生部分别编制对外援助预算，卫生部将援外医疗队的组建任务下放至省级卫生行政部门，形成了多头管理、各司其职的运作格局。当前，中国对外援助在法律制度、理论体系、管理与监督机制等方面尚不完善，参与主体以政府为主的单一性特征较为明显，加之对外援助宣传力度不足导致在舆论上受到制约等问题，均对中国对外援助效果带来一定影响。此外，阿拉伯国家自身能力建设存在局限性，使得部分医疗援助项目推进面临挑战。进入21世纪后，中国加强了同海湾阿拉伯国家的技术合作及人力资源开发合作，同时引入社会化、市场化机制组建医疗队伍。中非合

---

① 王云屏、金楠、樊晓丹：《中国对外援助医疗卫生机构的历史、现状与发展趋势》，载《中国卫生政策研究》，2017年第8期，第60—67页。

② Zhen Yu, "China's Foreign Aid to the Middle East: History and Development", *Asian Journal of Middle Eastern and Islamic Studies*, Vol. 14, Issue 2, 2020, 301-321.

③ 蒋华杰：《中国援非医疗队历史的再考察(1963—1983)——兼议国际援助的效果与可持续性问题》，载《外交评论(外交学院学报)》，2015年第4期，第61—81页。

作论坛、中阿合作论坛的成立进一步推进了中国与阿拉伯国家的合作。2003年"非典"疫情暴发后，中国对于全球性卫生问题的认识加深，加强同国际非政府组织如国际红十字会合作，拓展国际医疗合作版图，有序推进医疗合作关系。就合作形式和合作强度来看，这一阶段对阿拉伯国家的医疗援助在医疗人员招募形式等方面有所变化，增加了对医院建设、医疗设备建设、技术援助等的投入，是一种受援国需求导向的、体现出"援助+合作"色彩的特殊医疗援外模式。

总体而言，这一阶段中国在对阿拉伯国家的卫生健康援助过程中，与受援国的经贸互动不断增强。援外工作在致力于促进受援国经济发展的同时，也注重服务于本国经济发展需求，双方在双重能力建设进程中逐步形成更为均衡的合作关系。这一时期中国推进阿拉伯国家能力建设的落脚点主动而又被动地放在了受援国的自主"造血"上。一方面，中国对阿拉伯国家医疗援助的"援助性质"降低，医疗队伍派遣在受援国眼中更类似于劳务派遣。另一方面，在中国对阿拉伯国家进行医疗援助的同时，受援国也有意识地将中国的医疗援助合理纳入本国医疗体系中。对于也门等存在冲突问题的国家，中方仍以应急性救助为主，循序渐进促进能力建设；对于阿尔及利亚这样的本国经济不断发展、公私医疗机构日益完善的国家，则更多关注医疗援助项目的后期维护，双方在人力资源合作、技术交流、信息共享等方面的合作深化等。

五、中国对阿拉伯国家医疗援助的创新期（2012—2020年）

党的十八大以来，中国对外交往进入新阶段，推动构建相互尊重、公平正义、合作共赢的新型国际关系。中国提出构建人类命运共同体、共建"一带一路"倡议等，倡导正确义利观和真实亲诚、亲诚惠容理念，在一系列重大国际场合宣布务实合作举措，为破解全球发展难题、推动落实联合国2030年可持续发展议程提出中国方案、贡献中国智慧、注入中国力量。2017年，国务院新闻办公室发布的《中国健康事业的发展与人权进步》白皮书表明，"中国是医疗卫生领域国际合作的倡导者、推动者和践行者，始终致力于实现国际人口与发展大会行动纲领，全面落实联合国2030年可持续发展议程特别是健康领域可持续发展目标，积极开展对外医疗援助和全球应急处置，认真履行健康领域国际公约，勇于承担国际人道主义责任"。① 2016年，国务院新闻办公室发布《发展权：中国的理念、实践与贡献》白皮书，表明"中国坚持相互尊重、平等相待、合作共赢、共同发展的原则，把中国人民的利益同各国人民的共同利益结合起来，支持和帮助发展中国家特别是最不发达国家减少贫困、改善民生、改善发展环境，推动建设人类命运共同体"。② 中国通过设立南南合作援助基金、国际发展知识中心、南南合作与发展学院、共建"一带一路"国际合作平台等方式助力国际发展合作。

这一阶段中国的对外援助顺应国际援助理念与实践的变化，实现了从"对外援助""发展援助"到"国际发展合作"的话语与理念转型。③ 中国以联合国千年发展目标和2030年可持续发展议程为依据，强调双向、多元和融合的国际发展合作。这一时期中国的对外医疗援助服务于医疗外交的总目标，强调"授人以

---

① 《中国健康事业的发展与人权进步白皮书》，http://www.scio.gov.cn/zfbps/32832/Document/1612688/1612688.htm。
② 《发展权：中国的理念、实践与贡献》，https://www.gov.cn/zhengce/2016-12/01/content_5141177.htm。
③ 罗照辉：《大疫情背景下中国对外援助和国际发展合作》，载《国际问题研究》，2022年第1期，第13—18页。

渔"的理念，加强关于能力建设的表述，更加强调以实现受援国的自主发展为目标，而非仅仅关注物质性资源援助。

2014年7月发布的《中国的对外援助（2014）》白皮书显示，2010年至2012年，通过援建医院、提供药品和医疗设备、派遣医疗队、培训医疗人员、与发展中国家共同开展疾病防治交流合作等形式，中国支持受援国进一步改善医疗卫生条件，提高疾病防控水平，加强公共卫生能力建设。① 2021年，《新时代的中国国际发展合作》白皮书发布，首次将国际发展合作与共建"一带一路"倡议相结合，共建"一带一路"倡议扩大了中国对外医疗援助合作的范围及力度。② 2015年，国家卫生计生委（现为国家卫生健康委员会）发布《关于推进"一带一路"卫生交流合作三年实施方案（2015—2017）》，强调发挥中阿卫生论坛作为多边合作机制的建设性作用。2015年，国家发改委、外交部、商务部联合发布的《推动共建丝绸之路经济带和21世纪海上丝绸之路的愿景与行动》列出了与共建"一带一路"国家在卫生领域的合作重点，包括：为卫生合作争取政治支持、传染病疫情信息共享、防治技术交流、医疗专业人员培训、合作应对突发公共卫生事件能力建设、提供医疗援助和应急医疗救助的制度化、扩大传统医药合作、探索医疗保健行业合作的潜力。③ 2016年，习近平总书记提出打造"健康丝绸之路"。2017年，"一带一路"暨"健康丝绸之路"高级别研讨会于北京召开。2017年1月，中国与世界卫生组织签署了《中华人民共和国政府和世界卫生组织关于"一带一路"卫生领域合作的谅解备忘录》。双方均强调，

---

① 《中国的对外援助（2014）》，http://www.gov.cn/zhengce/2014-07/10/content_2715467.htm。
② 黄振乾：《中国援助与受援国绩效合法性——基于地理信息数据的实证考察》，载《世界经济与政治》，2022年第3期，第30—58页。
③ 《推动共建丝绸之路经济带和21世纪海上丝绸之路的愿景与行动》，http://www.scio.gov.cn/31773/35507/35519/Document/1535279/1535279.htm。

以维护共建"一带一路"国家人民生命健康为原则和底线,以多边机制和合作平台为基础,促进中国与周边国家卫生事业的发展,共同构筑"健康丝绸之路"。① 2021 年国家中医药管理局和推进"一带一路"建设工作领导小组办公室共同发布了《推进中医药高质量融入共建"一带一路"发展规划(2021—2025年)》,以深化全球卫生治理合作。该文件强调充分发挥中国-阿拉伯国家合作论坛、中非合作论坛等平台机制作用,深化传统医学新冠疫情防控、政策制定、科学研究、标准化等领域合作,加大中医药对外援助力度。②

中阿合作论坛是中国与阿拉伯国家双方深化合作的重要平台,该平台下的中阿卫生合作论坛推动了中国与阿拉伯国家在公共卫生、传统医药、卫生政策研究、健康产业等方面的合作,为中阿卫生人员定期会晤、医疗资源互动、公共卫生信息共享、医药产业合作提供了机会和平台。2014 年 6 月,中阿合作论坛第六届部长级会议在北京召开,中阿双方签署了《2014—2016 年卫生合作行动计划》。在这一背景下,中国在两年一届的中阿博览会平台框架内,提出举办中阿卫生合作论坛。③ 第一届中阿卫生合作论坛发布银川宣言,各国赞同推动中阿卫生领域合作深化发展,落实行动计划;加强医疗卫生机构间的直接合作,倡议成立中阿医疗健康合作发展联盟;加强卫生人力资源互动;开展传统医学交流合作;支持医疗机构间合作,鼓励医疗技术转让;加强在医药产品标准、监管等方面的合作;加强有关预防控制传染病、非传染性慢性疾病的工作,定期交换传染病信息;加强双方

---

① 曾向红、罗金:《"健康丝绸之路"构建的"政府—社会"复合路径》,载《浙江大学学报(人文社会科学版)》,2022 年第 3 期,第 5—21 页。
② 《推进中医药高质量融入共建"一带一路"发展规划(2021—2025 年)》,http://www.gov.cn/zhengce/zhengceku/2022-01/15/content_5668349.htm。
③ 《中阿卫生合作论坛 9 月宁夏举办》,http://www.chinaarabcf.org/chn/ltjz/zawshzlt/dyj/202008/t20200803_6914666.htm。

在全球卫生事务中的协调和相互支持等。在银川宣言的框架下，中阿双方强调在国际卫生事务中保持并加强协商与沟通，努力搭建中阿卫生合作平台，建立定期交流合作机制。① 第二届中阿卫生合作论坛以"深化中阿卫生合作，共筑健康丝绸之路"为主题，来自中国、阿拉伯国家联盟成员国、阿拉伯国家联盟秘书处的代表就中阿卫生政策研究与交流、重大疾病防控、传统医药合作、医疗机构间的技术交流等议题进行了深入交流，共同探讨了未来中国和阿拉伯国家联盟的健康挑战和应对策略，并通过了《中国-阿拉伯国家卫生合作2019北京倡议》，就共同加强健康战略、政策、行动和项目对接，携手推进"中阿健康丝绸之路"建设达成共识。②

随着改革发展成为阿拉伯国家的主流呼声，中国致力于在发展和治理问题上同阿拉伯国家加强合作，将发展视为解决中东许多治理问题的钥匙。③ 中国更为主动地参与区域事务，维护区域和平稳定，推动构建中阿命运共同体，推动共建"一带一路"。2014年，中阿合作论坛第六届部长级会议上提出构建中阿"1+2+3"合作格局。④ 2015年10月，中国国家卫生计生委员会发布《关于推进"一带一路"卫生交流合作三年实施方案（2015—2017）》，明确了推进共建"一带一路"卫生交流合作的总体思路、战略目标、合作原则、重点合作领域、重点项目和活

---

① 《中阿卫生合作论坛发布银川宣言，提出进一步深化卫生领域合作举措》，http://www.gov.cn/xinwen/2015-09/11/content_2929839.htm。
② 《第二届中阿卫生合作论坛在京举办》，http://www.chinaarabcf.org/chn/ltjz/zawshzlt/derj/202008/t20200803_6914661.htm。
③ 李桂群：《中国特色大国外交与中国的中东政策》，载《国别和区域研究》，2020年第4期，第153—167页。
④ 《习近平在中阿合作论坛第六届部长级会议开幕式上讲话》，https://www.gov.cn/xinwen/2014-06/05/content_2694830.htm。

动。① 2016 年，中国颁布《中国对阿拉伯国家政策文件》，指出要深化全面合作、共同发展的中阿战略合作关系；加强中阿在传统和现代医学领域的交流与合作，重视防治传染性疾病和非传染性疾病防控等相关工作，特别是传染病疫情信息通报、监测等合作，推动双方专家互派互访。推动医疗机构间的合作，加强临床技术交流。继续派遣医疗队，不断提高服务水平。②

这一时期中国仍积极向阿拉伯国家派遣医疗援助人员，在援助阿拉伯国家治疗荷兰病、抗击埃博拉出血热疫情等方面均有出色表现。③中国将阿拉伯国家视为建设"健康丝绸之路"的重要参与者。"健康丝绸之路"内容涉及传统医药、疾病防控、传染病疫情通报、医疗救援、医疗体制改革、药品本地化生产等，促进共建"一带一路"国家的公共卫生统筹管理体系建设完善，以应对各种重大疾病的挑战，实现共建"一带一路"倡议下的国际医疗合作。④

在对外援助与发展合作机构建设方面，中国积极探索合作新模式，加强对外援助的战略谋划和统筹协调，推动援外工作统一管理。2018 年，根据党的十九届三中全会关于深化党和国家机构改革的决定，国家国际发展合作署（以下简称"国合署"）正式组建，中国援外管理体制完成了一项重大改革。2021 年，由国合署制定的援外综合性部门规章《对外援助管理办法》（以下简称《新办法》）经审议通过开始施行。根据《新办法》，国合署负

---

① 《推进"一带一路"卫生交流合作三年实施方案（2015—2017）》，http://www.nhc.gov.cn/wjw/ghjh/201510/ce634f7fed8349928 49e9611099bd7cc.shtml。
② 《中国对阿拉伯国家政策文件》，http://www.gov.cn/xinwen/2016-01/13/content_5032647.htm。
③ Jean-Pierre Cabestan, "China's Response to the 2014-2016 Ebola Crisis: Enhancing Africa's Soft Security Under Sino-US Competition", *China Information*, Vol. 35, No. 1, 2020, pp. 3-24.
④ 郭少飞、任新农：《"健康丝绸之路"的价值意蕴与实践路径探赜》，载《石河子大学学报（哲学社会科学版）》，2021 年第 3 期，第 28—34 页。

责拟订对外援助方针政策，推进对外援助方式改革，归口管理对外援助资金规模和使用方向，编制对外援助项目年度预决算，确定对外援助项目，监督评估对外援助项目实施情况，组织开展对外援助国际交流合作。此外，国合署还负责建立对外援助部际协调机制，统筹协调对外援助重大问题。商务部等对外援助执行部门负责根据对外工作需要提出对外援助相关建议，承担对外援助具体执行工作，与受援方协商和办理对外援助项目实施具体事宜，负责项目组织管理，选定对外援助项目实施主体或者派出对外援助人员，管理本部门的对外援助资金。外交部负责根据外交工作需要提出对外援助相关建议。驻外使领馆（团）统筹管理在驻在国（国际组织）的对外援助工作，协助办理对外援助有关事务，与受援方沟通援助需求并进行政策审核，负责对外援助项目实施的境外监督管理。

在对外援助政策规划阶段，《新办法》提出，应拟订对外援助战略方针和中长期政策规划。在项目管理阶段，《新办法》提出，受援方需求应通过驻外使领馆（团）提出，经审核后报外交部和国合署。《新办法》重视对外援助中的实际情况，提出，对外援助项目如涉及重大调整，可按程序进行，对外援助执行部门也可根据工作需要向国合署提出项目建议。在对外援助方式上，《新办法》首次将援外医疗队、人道主义援助和南南合作援助基金纳入对外援助的项目类型。[1]《新办法》和《新时代的中国国际发展合作》白皮书形成呼应，并将对外援助的实施主体从中方和受援国实施单位扩大到国际组织、非政府组织和智库，这是中国政府在对外援助文件中首次将社会组织写入其中，显示出中国对外援助与发展合作参与者的多元化，能更好地结合国家及社会

---

[1] 张超汉、冯启伦:《中国参与全球卫生治理的法理基础、总体成效与完善路径——以突发公共卫生事件应对为视角》,载《国际法研究》,2022年第1期,第55—68页。

力量。研究机构、大学、非政府组织往往能够深入当地实际，在推进能力建设的落实上发挥着重要的补充作用。在监督、评估方面，《新办法》增设单独的监督、评估章节，提出将建立评估制度，制定评估标准，并组织开展评估。

因此，就目前中国对阿拉伯国家援助情况来看，国合署负责统筹中国对外医疗援助事业，中阿合作论坛框架下的中阿卫生合作论坛为双方在公共卫生、传统医药、卫生政策研究、健康产业等方面的合作提供了重要平台。在共建"一带一路"、南南合作框架以及中阿合作论坛机制下，中国对阿拉伯国家援助与发展合作稳步推进。

近年来，在阿拉伯国家医疗卫生能力提升过程中，阿拉伯国家关注自主发展，在医疗卫生领域加强部署。阿尔及利亚近年来加大在医疗卫生事业中的投入，推进医疗卫生领域的数字化转型；科威特国内公立及私营医疗机构日益完善；沙特对医疗卫生高级人员和高端医疗设备的需求增加；也门在冲突下借助境外组织和国家的力量进行医疗基础设施的重建与修复等。来自中国的援助与合作项目被阿拉伯国家纳入本国的整体卫生发展规划。在这一时期，中国对阿拉伯国家能力建设的促进同当地社会整体发展相联系，中阿经贸合作产生溢出效应，影响了双方在卫生领域的合作，中国对经济发展水平较高的国家可以共享现有经验和技术，依托当地医疗卫生硬件，提升软能力建设；对于经济发展水平较低的国家可以在过往合作的基础上，以经济合作带动医疗合作，推进相关国家硬能力建设，由于各国的经济发展水平不一，中国通过双边合作等方式，在提升自身援助能力建设的同时，推进阿拉伯国家差序化的能力建设进程，最终呈现双重能力建设协进状态。

六、中国对阿拉伯国家医疗援助的升级期（2020年以来）

中国对外援助理念尽管有时代性、阶段性变化，但尊重受援国主权、不干涉受援国内政、强调同受援国之间的平等友好关系、不附加任何政治条件的援助理念和方式始终如一。中国对外援助服务于中国总体外交布局。新时代以来，中国在对外援助方面的主动性逐渐加强，强调建立伙伴关系，推进发展合作，从顺势而为到主动谋划。面对新冠疫情这一特殊的公共卫生事件，中国加大对外医疗援助力度，在对阿拉伯国家医疗援助方面更为积极主动，中央统筹、上下合力，政府与非政府组织相配合，积极应对新冠疫情，推动构建中阿"健康丝绸之路"。

党的二十大报告指出："我们展现负责任大国担当，积极参与全球治理体系改革和建设，全面开展抗击新冠肺炎疫情国际合作，赢得广泛国际赞誉，我国国际影响力、感召力、塑造力显著提升。"① 面对新冠疫情这一突发全球公共卫生危机，中阿双方携手抗疫，成为推动构建中阿卫生健康共同体的生动实践。自新冠疫情暴发以来，阿拉伯国家雪中送炭，为中国提供声援与支持。阿尔及利亚为武汉提供医疗物资支援②，沙特国王萨勒曼专门就疫情致电习近平主席③，埃及总统塞西派遣卫生部部长作为特使专程来华④，卡塔尔航空公司免费为中国承运近600吨医疗防疫

---

① 《中国共产党第二十次全国代表大会在京开幕》，载《人民日报》，2022年10月17日，第3版。
② 《患难见真情，共同抗疫情（国际视野）》，http://world.people.com.cn/n1/2020/0224/c1002-31600464.html。
③ 《书写共建人类命运共同体的战"疫"篇章——记习近平主席推动新冠肺炎疫情防控国际合作》，http://news.cnr.cn/native/gd/20200406/t20200406_525043650.shtml。
④ 《埃及卫生部长携百万援助口罩访华》，https://world.huanqiu.com/article/3xGFMLzITOb。

物资①，阿拉伯联盟卫生部部长理事会第 53 次会议发表共同声明支持中国抗疫努力②，中国-阿拉伯国家政党对话会特别会议发表了题为《携手抗疫，共建新时代中阿命运共同体》的共同宣言③，埃及《今日埃及人》、沙特《利雅得报》、阿联酋《宣言报》《联合报》等多份报纸较为客观、中立地报道了中国的抗疫政策。

针对中东地区疾病管控能力较弱、疫情防控压力较大的情况，中国政府加强顶层设计，内外联动，上下配合，中央进行资源调配，统筹内外合力；地方政府配合进行资源供给与医疗人力调配；卫生医疗体系配合进行对外医疗援助与合作；相关学校、医院配合进行中医药经验分享；民企与个人积极捐助医疗物资，在力所能及的范围内，多领域、全方位地为阿拉伯国家提供医疗援助，并在过程中加强双方卫生产品及相关产业衍生合作。从援助医疗物资到分享治疗经验，再到派遣医疗队伍④、加大新冠疫苗援助与生产合作⑤，中国一方面"授人以鱼"，为阿拉伯国家提供应急物资；另一方面"授人以渔"，为阿拉伯国家提供防疫智力支持，以援助促合作，变危机为合作契机，共建中阿卫生健康共同体。

中国高度重视同阿拉伯国家的疫情防控合作。习近平主席先后同埃及、沙特、卡塔尔、阿联酋等多个阿拉伯国家领导人通

---

① 《卡塔尔五架飞机驰援中国,运送防疫物资》, https://www.peopleapp.com/column/30036867113-500000605485。
② 《阿拉伯国家卫生部长高度赞赏中国防控新冠疫情努力》, http://www.gov.cn/xinwen/2020-02/28/content_5484332.htm#:~:text=%E6%96%B0%E5%8D%8E%E7%A4%BE%E5%BC%80%E7%BD%972%E6%9C%882,%E9%98%BF%E7%9B%9F%EF%BC%89%E6%80%BB%E9%83%A8%E5%8F%AC%E5%BC%80%E3%80%82。
③ 《中国-阿拉伯国家政党对话会特别会议发表共同宣言》, https://www.idcpc.gov.cn/ttxw_2992/202006/t20200625_139087.html。
④ 《中国国际应急医疗队(澳门)5名队员将参与中国赴阿尔及利亚抗疫任务》, http://www.xinhuanet.com/world/2020-05/12/c_1125976245.htm。
⑤ 《阿尔及利亚与中国合作生产新冠疫苗项目正式投产》, http://world.people.com.cn/n1/2021/0930/c1002-32244269.html。

电。外交部、中共中央对外联络部等安排向阿拉伯国家捐赠医疗物资，并组织医学专家通过视频会议等方式同阿拉伯国家开展医学技术交流，及时分享中国疫情防控经验和方案。中国驻中东国家使领馆积极与驻在国政府、卫生部、医院、检疫部门等加强信息沟通和技术交流，开展抗疫合作。中国通过非洲第一夫人发展联合会向包括埃及在内的53个非洲国家捐助一批抗疫物资，用于帮助妇女儿童、青少年。① 2021年上半年，中国对埃及、阿尔及利亚、苏丹、巴勒斯坦、伊拉克等阿拉伯国家援助新冠疫苗；2021年2月4日，中国驻叙利亚大使冯飚在接受叙利亚主流媒体《祖国报》专访时表示，中国决定向叙利亚提供15万剂新冠疫苗援助。② 据不完全统计，中国向阿拉伯国家援助和出口近1亿剂中国疫苗，中国还加入"新冠肺炎疫苗实施计划"，用于援助发展中国家，促进全球疫苗公平分配。中国通过"新冠肺炎疫苗实施计划"向阿拉伯国家输送中国疫苗，尤其是帮助叙利亚、也门、伊拉克等战乱中的阿拉伯国家获取疫苗，受到阿拉伯国家的广泛好评。

此外，中国还积极通过中阿合作论坛机制与阿拉伯国家进行合作，2020年7月6日，中阿合作论坛第九届部长级会议通过《中国和阿拉伯国家团结抗击新冠肺炎疫情联合声明》，明确提出打造中阿命运共同体、中阿卫生健康共同体，强调多边主义，共建"健康丝绸之路"，利用中阿合作论坛框架下的卫生合作机制开展抗疫合作，在防控疫情的同时，继续开展共建"一带一路"合作，加强宏观经济政策协调，统筹推进经济社会发展。③ 会议

---

① 《非洲各国衷心感谢并高度评价中国政府向非洲国家妇女儿童和青少年捐助抗疫物资》，http://www.xinhuanet.com/world/2020-11/04/c_112669 8715.htm。
② 寿慧生、何瑶：《新冠疫情下的中国与中东国家合作关系分析》，载《中国穆斯林》，2021年第6期，第82—87页。
③ 《中国和阿拉伯国家团结抗击新冠肺炎疫情联合声明》，http://www.gov.cn/xinwen/2020-07/07/content_5524804.htm。

还通过了《中国-阿拉伯国家合作论坛 2020 年至 2022 年行动执行计划》，强调加强卫生和社会发展合作，鼓励医疗技术转移与信息交流，倡议进行实践经验共享。① 为加强对阿拉伯国家的抗疫智力支持，中国相继向苏丹、阿尔及利亚、沙特等国派出短期医疗队伍。②

中国各级地方政府配合中央政府开展对阿拉伯国家的医疗援助，召开防疫视频交流会议，配合短期医疗队伍选派工作，③ 同时延续此前的医疗队伍派遣项目的常规派出。④ 中国贵州省向摩洛哥捐赠了医用手套、N95 防护口罩、医疗防护服等医疗物资，并与摩洛哥卫生部、卡萨布兰卡医科教学和诊疗中心专家举行了远程视频会议。此外，中国企业和民间机构也积极向中东国家提供紧急医疗物资，如中国建筑集团埃及分公司联合埃及卫生部门，在其承建的埃及新行政首都中央商务区项目工地建立了一套完整的疫情防控体系；⑤ 中国石化助科威特建首个方舱医院，由炼厂项目营地改造而成；⑥ 马云公益基金会和阿里巴巴公益基金会通过世界卫生组织为包括北非阿拉伯国家在内的非洲国家捐赠了大量口罩、检测试剂盒、防护服等医疗物资；⑦ 中国红十字会

---

① 《中国-阿拉伯国家合作论坛 2020 年至 2022 年行动执行计划》，http://www.chinaarabcf.org/chn/lthyjwx/bzjhywj/djjbzjhy/202008/t20200810_6836922.htm。
② 《中国抗疫医疗专家组抵达南苏丹》，http://www.gov.cn/xinwen/2020-08/20/content_5536029.htm；《中国政府赴沙特抗疫医疗专家组启程》，http://www.gov.cn/xinwen/2020-04/15/content_5502796.htm；《中国医疗专家组赴阿尔及利亚帮助抗击疫情》，https://www.chinanews.com.cn/gj/2020/05-13/9183684.shtml。
③ 《外交部致函感谢澳门特区参与中国政府援助阿尔及利亚和苏丹抗疫工作》，http://www.gov.cn/xinwen/2020-07/10/content_5525770.htm。
④ 《中国(吉林)第十四批援科威特医疗队启程出征》，http://wsjkw.jl.gov.cn/xwzx/gzdt/wzdw/202109/t20210918_8221830.html。
⑤ 《抗疫先锋接力逆行！中建一局赴埃及疫情防控工作组第二批医疗人员出征》，https://m.thepaper.cn/baijiahao_7988302。
⑥ 《中国石化助科威特建首个方舱医院，由炼厂项目营地改造而成》，https://www.guancha.cn/internation/2020_04_14_546853.shtml。
⑦ 《1 亿件！世卫组织点赞马云公益基金会捐赠物资》，https://cn.chinadaily.com.cn/a/202004/21/WS5e9e803fa310c00b73c78848.html。

向伊拉克派遣医疗队，捐赠实验设备与核酸检测试剂，开展医疗技术援助。①

面对突发疫情，阿拉伯国家进行全球资源调配的能力有限，十分需要域外大国的援助与合作，但是欧美国家在疫情初期对阿拉伯国家援助有限，各类国际组织能提供的资源与支持能力也受到成员国配合意愿的影响。中国是率先回应阿拉伯国家抗疫需求的国家，并通过共建"一带一路"和中阿合作论坛等机制平台，以及红十字会等非政府组织，乃至企业等民间力量，为阿拉伯国家提供力所能及的物资支持、技术支持。此阶段医疗援助实践中较为特别的是中国同阿联酋、埃及、阿尔及利亚与摩洛哥等国在疫苗开发、生产与使用方面的合作。② 疫情催生的区域需求使双方加大了在疫苗生产、中医药生产、防疫医疗基础设施建设、技术等方面的合作。此次中国以既有的医疗队伍和医院等基础设施硬件为基础，为区域国家提供了更多的疫苗等公共物品，共享疫情防治经验与技术，同阿拉伯国家展开更为深入的疫苗合作，社会、市场和政府的力量都参与到这场行动中来，相关实践的经验也被吸收到2021年公布并施行的《对外援助管理办法》和《新时代的中国国际发展合作》白皮书中。阿拉伯国家在与中国的合作中增强了本国的疫苗生产能力和公共卫生危机应对能力，双方通过中阿合作论坛等平台积极进行对话，双方能力建设呈现协同发展。

时任国合署署长罗照辉在2021年国际形势与中国外交研讨会中表示，中国在新冠疫情背景下开展的对外援助和国际发展合作

---

① 《中国红十字会志愿专家团队赴伊拉克支援疫情防控》，https://www.gd.gov.cn/gdywdt/gdyw/content/post_2924354.html。

② 文晶：《中国—中东国家新冠疫苗合作助力全球抗疫》，载《公共外交季刊》，2021年第3期，第78—84页；《中阿两国人士分享疫苗合作经验，盛赞两国抗疫成果》，http://world.people.com.cn/n1/2021/1210/c1002-32305198.html。

主要工作可以用"1+2+3"来概括。"1"是聚焦一个重点,即引领国际抗疫合作,无论是医疗物资、人员还是疫苗援助,都以援助为抓手,同时加强其他方面的合作。"2"是推动两件大事,一是推动"小而美、见效快、惠民生"项目;二是适度审慎安排成套项目,在公共卫生领域重点发力,大小项目平衡推进。"3"是办好三场纪念活动,分别是中国援外70周年、菌草援外20周年、南南基金和南南学院成立五周年纪念活动。中国以构建人类命运共同体为引领,以服务元首外交为遵循,既促进受援国抗疫,又服务于我国构建新发展格局。① 在同阿拉伯国家进行抗疫合作的过程中,双方不断在原有框架内推进卫生健康合作,以及有助于经济发展和恢复的数字合作等。②

七、结论

新中国成立后,中国对阿拉伯国家的医疗援助与发展合作既随着中国对外援助理念、机制、方式的改变而变化,具有鲜明的时代性特征;又根据国内政策及国际形势的变化进行阶段性调整。中国对外医疗援助为促进受援国医疗卫生事业发展、树立良好的中国形象、提升中国国家软实力、加强南南卫生合作、推进全球卫生发展作出了重要贡献。纵观中国对外医疗援助进程,中国始终强调在和平共处五项原则基础上进行援助与合作,不干预其他国家探索符合本国国情的发展道路,不干涉其他国家内政,不把本国意志强加于人,不附加任何政治条件,不谋取政治私利。但在对外医疗援助的机制建设、策略与实践上,根据不同时

---

① 《大疫情背景下的中国对外援助和国际发展合作》,http://www.cidca.gov.cn/2021-12/25/c_1211501472.htm。
② 《〈中阿数据安全合作倡议〉开启全球数字治理新篇章》,https://www.thepaper.cn/newsDetail_forward_11981976。

期的国内国际政治经济发展状况，产生时代性的变化。在中国的对外援助布局日益拓展的当下，中国在对外援助中越来越强调受援国的能力建设与可持续发展，实现了从"授人以鱼"到"授人以渔"的转变。同时，受援国亦不断从"输血"向"造血"转变。双方在这种双向互动过程中拓展合作领域，实现各自的能力建设目标，因而形成了协进式的、具有自主性的、双向性的双重能力建设过程。

From "Giving a Man a Fish" to "Teaching a Man to Fish": Sixty Years of China's Medical Assistance to Arab Countries

Abstract: China's medical assistance to Arab countries forms an integral part of China's aid to the Middle East, Africa, and even the entire developing world. Over the past sixty years, as China's comprehensive national strength has grown, Sino-Arab relations have become increasingly close. The significant shift in China's philosophy of medical assistance to Arab countries—from "giving a man a fish" to "teaching a man to fish"—underscores the advancing process of dual capacity building between China and recipient countries. On the one hand, through medical assistance, China promotes the improvement of recipient countries' medical systems, strengthens their capacity for independent development, and facilitates the transformation from external "blood transfusion" to independent "blood production." On the other hand, China's medical assistance to Arab countries has enhanced its own capacity to provide medical aid to developing nations, reflecting a shift in

China's medical diplomacy from "spontaneity" to "consciousness," and from a project-specific orientation to a strategic planning orientation. This paper divides the 60-year history of capacity building in China's medical assistance to Arab countries into the Exploration Period, Reform Period, Innovation Period, and Upgrading Period. It analyzes the new opportunities and challenges in China's medical assistance to Arab countries, examines the conceptual and practical innovations in this field, and explores the collaborative and interactive model for advancing the development of both hard and soft capabilities in Sino-Arab medical cooperation.

Keywords: China-Arab Relations; Arab Countries; Medical Assistance; Capacity Building; Public Health

热点与治理

"阿拉伯之春"以来土耳其外交政策的转型表现[*]

内容摘要:"阿拉伯之春"以来,在地缘政治和未遂政变等各种因素影响下,土耳其正义与发展党(以下简称"正发党")政府对外交政策进行了较大调整,突出了这一政策自主性不断增强的过程。本文认为,正发党对外交政策的调整正是土耳其外交政策转型的重要表现。首先,土耳其立足中东地区大国的身份,充分发挥地缘优势实现自身发展;其次,土耳其利用与传统西方盟国的微妙关系进行博弈,借力西方实现外交目标;再次,在立足中东和借力西方国家的基础上,构建以土耳其为中心的地区秩序;最后,通过援助和难民问题树立人道主义形象,提升国际影响力。此外,与新兴市场国家合作实现经济发展也正在成为土耳

---

[*] 本文系国家社科基金青年项目"土耳其'复合地缘战略'与中土战略合作关系研究"(项目批准号:21CGJ037)的阶段性成果。感谢编辑部和匿名评审专家提出的宝贵建议。

其外交政策转型的重要表现。

关键词： 土耳其　外交政策　"阿拉伯之春"　正义与发展党

作者简介： 王佳尼，上海大学文学院、土耳其研究中心讲师。

长期以来，土耳其主要奉行亲西方的外交政策，虽然正发党作为伊斯兰政党自2002年选举后成为执政党，但由于缺乏外部动力，其外交政策并未发生明显转型。2010年年底掀起的"阿拉伯之春"给土耳其外交政策带来了一系列影响。首先，"阿拉伯之春"影响下的叙利亚内战恶化了土耳其周边的安全局势，加之域外大国深度介入，土耳其外交政策的主要议题转变为打击库尔德武装和维护国家安全，以及发展与周边中东国家及地区的关系。其次，叙利亚内战带来了大量难民，土耳其未能按照预期借此改善与欧洲的关系，但在解决难民问题的过程中彰显了其地区大国的身份和人道主义形象。最后，2016年未遂政变后，土耳其与西方国家的关系进一步疏远，正发党政府结合国家的地缘优势和地区大国身份争取对地区秩序的主导权，同时加大人道主义援助的力度和范围，提升国际影响力，逐步实现外交政策的转型。

"阿拉伯之春"以来，土耳其外交政策的显著变化成为土耳其研究的热点，学者们的关注视角大体可以分为三类。第一类梳理土耳其外交政策由"亲西方"到"向东看"的调整过程①，分

---

① 黄培昭、张梦旭：《土耳其调整外交"向东看"》，载《人民日报》，2011年6月24日，国际版；李亚男：《未遂政变加速土耳其"东向"进程》，载《世界知识》，2016年第16期，第44—46页；TARIK Oğuzlu, "Middle Easternization of Turkey's Foreign Policy: Does Turkey Dissociate from the West?", *Turkish Studies*, Vol. 9, No. 1, 2008, pp. 3-20。

阶段探讨土耳其外交政策的变化①，突出其逐渐增强的外交自主性②。第二类聚焦于土耳其对中东或者周边国家的外交政策③，特别侧重于外交策略与实施方式，主要有"积极进取"④"人道主义"⑤"宝贵孤立"⑥"平衡外交"⑦等。第三类分析土耳其外交政策调整和变化背后的驱动因素，主要包括土耳其国内政治的发展⑧、

---

① 魏敏:《中东剧变与土耳其的政治和外交转型》，载《中东研究》，2021 年第 2 期，第 1—14 页；郑东超:《论埃尔多安政府的外交政策》，载《阿拉伯世界研究》，2012 年第 5 期，第 71—84 页；李秉忠、涂斌:《埃尔多安时代土耳其外交的转型及其限度》，载《西亚非洲》，2018 年第 2 期，第 87—106 页；李秉忠:《"中东波"以来土耳其外交的调整》，载《现代国际关系》，2012 年第 4 期，第 51—55 页；Abdurrahman Gümüş, "Increasing Realism in Turkish Foreign Policy During Post-Davutoğlu Era", *Insight Turkey*, Vol. 24, No. 4, 2022, pp. 167 – 185; Karabekir Akkoyunlu, "The Five Phases of Turkey's Foreign Policy Under the AKP", *An International Quarterly*, Vol. 88, No. 2, 2021, pp. 243-270。

② 杜军:《土耳其正义与发展党自主外交探析》，载《宁夏师范学院学报》，2023 年第 6 期，第 76—86 页；Ahmet Faruk Isık, "Transforming Turkish Foreign Policy", *The Journal of Middle East and Central Asian Studies*, Vol. 3, 2022, pp. 89–147。

③ 杜东辉:《从大西洋到大周边：土耳其复合联盟战略初探》，载《西亚非洲》，2022 年第 6 期，第 125—155 页；Imran Ali Sandano and Ronaque Ali Behan, "Change in Turkish Foreign Policy Towards the Middle East", *Progressive Research Journal of Arts and Humanities (PRJAH)*, Vol. 5, No. 1, 2023, pp. 63-71。

④ 董漫远:《土耳其进取性地缘政治外交析论》，载《西亚非洲》，2022 年第 2 期，第 141—155 页；姚琼瑶:《土耳其"积极进取"的周边外交：内涵、目标与前景》，载《阿拉伯世界研究》，2021 年第 4 期，第 83—100 页。

⑤ 李秉忠:《土耳其外交的"人道主义"取向》，载《现代国际关系》，2020 年第 4 期，第 36—43 页。

⑥ 唐志超:《"光荣孤立"：风暴眼中的土耳其中东政策》，载《世界知识》，2022 年第 22 期，第 26—28 页；李秉忠:《土耳其"宝贵孤独"外交及其走向》，载《现代国际关系》，2014 年第 3 期，第 9—16 页。

⑦ 邓红英:《土耳其外交转型析论》，载《现代国际关系》，2010 年第 10 期，第 21—25 页；杨晨:《土耳其在俄乌冲突中的平衡外交：表现、动因及影响》，载《阿拉伯世界研究》，2022 年第 5 期，第 77—94 页；Oktay Bingöl, "Changing Balancing Behaviors in Turkish Foreign Policy During AKP Period (2002-2019)", *Gazi Akademik Bakış*, Vol. 13, Issue 25, 2019, pp. 53–77。

⑧ 严天钦:《修宪公投对土耳其外交政策走向的影响》，载《国际论坛》，2018 年第 6 期，第 22—29 页；郑东超:《"7·15 军事政变"后土耳其的外交政策选择》，载《当代世界》，2016 年第 8 期，第 63—66 页；李游:《土耳其未遂政变后埃尔多安内政外交的调整》，载《国际关系研究》，2017 年第 2 期，第 66—84 页；李智育:《土耳其正义与发展党执政的外交政策成因分析》，载《阿拉伯世界研究》，2012 年第 5 期，第 55—70 页；Eda Kuşku-Sönmez, "Dynamics of Change in Turkish Foreign Policy: Evidence from High-Level Meetings of the AKP Government", *Turkish Studies*, Vol. 20, No. 3, 2019, pp. 377-402。

欧亚主义思想和地缘政治策略的影响①、与西方盟友间关系的疏远②以及现实国家安全③的考量。

目前已经发表的研究成果从不同视角探讨了"阿拉伯之春"后的土耳其外交政策及其变化,但从地区到全球层面对土耳其外交政策转型的表现进行系统性分析的文献还不足。"阿拉伯之春"后,土耳其在加深与地区和周边国家关系的同时,也在努力协调和维护与地区大国和西方传统盟国之间的关系,以使其外交"左右逢源"。④

一、立足中东地区大国身份

以欧洲国家的政治和法律制度为蓝本建立现代化国家,是土耳其共和国成立以来的重要目标。二战后的美国一跃成为超级大国并领导西方世界,与苏联领导的社会主义阵营之间形成冷战格局。为继续推行国家现代化,土耳其确立了亲西方路线,废除中立外交政策,特别是1950年民主党政府上台后,大力推行亲西方外交政策。1952年,土耳其加入北约;1959年,土耳其向欧

---

① 李秉忠:《土耳其外交政策调整的动力:安全诉求和地缘政治抱负》,载《当代世界》,2018年第11期,第56—60页;曾向红、张峻溯:《"帝国怀旧"、地缘政治机会与土耳其外交的转折》,载《外交评论(外交学院学报)》,2022年第2期,第55—86页;Ayşe Ömür Atmaca and Zerrin Torun, "Geopolitical Visions in Turkish Foreign Policy", *Journal of Balkan and Near Eastern Studies*, Vol. 24, No. 1, 2022, pp. 114-137。

② 郭长刚、梁莹莹:《土耳其与北约关系:战略自主还是联盟至上》,载《西亚非洲》,2023年第1期,第110—130页;寿慧生、王倩楠:《模糊盟友:联盟体系视角下的美国与土耳其关系》,载《国际安全研究》,2022年第2期,第132—156页。

③ 杨玉龙:《从"零问题"到安全化:21世纪以来土耳其对叙利亚外交政策》,载《阿拉伯世界研究》,2023年第5期,第137—157页;邹志强、邢新宇:《全球难民危机与难民外交的兴起:土耳其的角色》,载《当代世界与社会主义》,2022年第4期,第159—167页;Lars Haugom, "Turkish Foreign Policy under Erdogan: A Change in International Orientation?", *Comparative Strategy*, Vol. 38, No. 3, 2019, pp. 206-223。

④ 经凯:《土耳其:政经"危中见机"外交"左右逢源"》,载《光明日报》,2024年1月5日,国际新闻版。

共体提交成为其准会员国的申请，但土耳其的入盟之路并不通畅，1987年向欧共体提交成为正式成员国的申请后，直到1999年年底的赫尔辛基欧盟会议土耳其才获得欧盟候选国的地位，2005年才启动入盟谈判，且至今收效甚微。2006年入盟谈判因为塞浦路斯问题受阻，八项与关税同盟相关的章程被终止。

"阿拉伯之春"后，大量难民通过土耳其涌入欧洲。难民潮看似增加了土耳其在入盟谈判中的话语权，但并不足以改变欧盟长期以来在土耳其入盟问题上的态度。2016年3月，土耳其与欧盟达成专门解决难民问题的协议：一方面，欧盟分批次向土耳其提供60亿欧元资金，用于难民安置；另一方面，欧盟在2016年6月底之前取消对土耳其公民的签证要求。[1] 然而，2016年7月，土耳其发生未遂政变，欧盟对政变表示谴责，并于2018年判定"土耳其已经与欧盟渐行渐远，入盟谈判因此实际上已陷入停滞状态"。[2] 成为欧洲一员一直是土耳其渴求的目标，也是土耳其不断失落的根源。[3]

随着土耳其与欧盟关系对立且日益明显，入盟问题在土耳其外交议程中逐渐被边缘化，而确保自身安全、协调中东地区冲突和热点问题则上升为土耳其外交的优先事项。[4] 首先，土耳其加大了对库尔德工人党的军事打击。随着叙利亚内战的持续发酵和"伊斯兰国"极端组织的发展，美国开始支持以叙利亚"人民保护部队"（People's Protection Units；Yekîneyên Parastina Gel, YPG）为代表的库尔德武装力量。为清除安全威胁，土耳其加大

---

[1] "Chronology of Turkey—European Union Relations(1959-2019)"，https://www.ab.gov.tr/siteimages/birimler/kpb/chronology-_en_-_1959-_ocak2020.pdf.
[2] 同[1]。
[3] 相关论述参见 Ahıska Meltem, "Occidentalism: The Historical Fantasy of the Modern", *South Atlantic Quarterly*, Vol. 102, Issue 2-3, 2003, pp. 351-379。
[4] 邹志强：《土耳其的中东地缘三角战略：内涵、动力及影响》，载《国际论坛》，2018年第6期，第17页。

对库尔德工人党的军事打击。2011 年，伊朗外交部部长阿克巴尔·萨利希（Ali Akbar Salehi）宣布伊朗将与土耳其采取联合行动，共同打击库尔德工人党；① 2016 年，土耳其启动"幼发拉底河之盾"（Operation Euphrates Shield）军事行动，越境打击叙利亚境内的库尔德工人党武装；② 2018 年，土耳其再次对叙利亚"人民保护部队"发起代号为"橄榄枝"（Olive Branch）的越境打击行动。③ 其次，土耳其政府分别与美国和俄罗斯签订了曼比季协议④和伊德利卜协议⑤，以确保大国撤出叙利亚后由土耳其来填补军事真空，并主导叙利亚的战后重建。2019 年，美国宣布从叙利亚撤军后，土耳其又向叙利亚北部发动了代号为"和平之泉"（Peace Spring）的军事行动。⑥ 2020 年，土耳其发起了代号为"春天之盾"（Spring Shield）的军事行动，这也是土耳其自叙利亚内战后发起的第四次军事行动。再次，土耳其通过介入卡塔尔断交危机提升自身在中东地区的影响力。土耳其 2014 年就开始在卡塔尔建立军事基地，2017 年断交危机之后，土耳其向卡塔尔派驻的军队规模从 200 人增加到了 3000 人。⑦ 在提升安全合作的同时，土耳其还与伊朗、卡塔尔签署协议，将伊朗作为土耳其

---

① "Turkey, Iran to Cooperate Against Kurdish Rebels", https://www.voanews.com/a/turkey-iran-to-cooperate-against-kurdish-rebels-132316303/170915.html.

② "With al-Bab Free from Daesh, Turkey's Anti-terror Operation Turns Attention to Manbij, Raqqa", https://www.dailysabah.com/war-on-terror/2017/02/24/with-al-bab-free-from-daesh-turkeys-anti-terror-operation-turns-attention-to-manbij-raqqa.

③ "Turkey Establishes Security in Almost 70 Percent of Syria's Afrin", https://www.trtworld.com/middle-east/turkey-establishes-security-in-almost-70-percent-of-syria-s-afrin-15934.

④ "Turkey, US Agree Plans to Remove YPG from Syria's Manbij", *Middle East Monitor*, https://www.middleeastmonitor.com/20180605-turkey-us-agree-plans-to-remove-ypg-from-syrias-manbij/.

⑤ 王建刚：《联合国高官：伊德利卜协议带来"一线希望"》，http://www.xinhuanet.com/world/2018-10/30/c_1123634820.htm。

⑥ Khayrallah al-Hilu, "The Turkish Intervention in Northern Syria: One Strategy, Discrepant Policies", https://cadmus.eui.eu/bitstream/handle/1814/69657/MED_RR_2021_01s.pdf?sequence=4.

⑦ 王锁劳：《卡塔尔断交风波下的中东乱局》，载《党建》，2017 年第 8 期，第 63 页。

与卡塔尔两国的贸易中转国,使土耳其扩大了在地区事务中的影响力。① 最后,土耳其在巴以问题上态度强硬,以展示其强势回归中东的实力与决心。2010 年,一支载有人道主义援助物资的土耳其船队在将这些物资运往加沙的途中遭到以色列军队袭击,九名土耳其船员丧生。土耳其强烈谴责了以色列的行为,并要求以色列政府道歉和赔偿。此后,两国陷入多年冷和平。2023 年 10 月的巴以冲突后,埃尔多安对以色列在加沙的军事行动进行了抨击,并声援了哈马斯,同时召回了土耳其驻以色列大使。

同时,土耳其民众加入欧盟的热情逐渐减弱,入盟支持率从 2002 年的 80% 下降到 2018 年的不足 50%,而且 78% 的土耳其民众认为欧盟不会给予土耳其正式成员国身份。② 在复杂的地区和国际局势下,土耳其逐步将外交政策重点转为立足中东。

二、借力西方实现外交利益

土耳其从二战后"马歇尔计划"获益开始就已成为西方国家的盟友,长期奉行亲西方的外交政策。首先,土耳其民主党作为这一政策的坚定支持者,在其执政的 20 世纪 50 年代尤其突出土耳其外交政策"服务西方"的作用。1950 年朝鲜战争爆发,土耳其派出一个旅作为其在所谓"联合国军"中的分遣队前往朝鲜。1955 年万隆会议期间,土耳其代表在发言中表示,"世界和平的主要威胁来自共产主义阵营"。③ 同年,土耳其与伊朗、伊拉

---

① 邹志强:《土耳其的中东地缘三角战略:内涵、动力及影响》,载《国际论坛》,2018 年第 6 期,第 18 页。

② Max Hoffman, "A Snapshot of Turkish Public Opinion Toward the European Union", *Center for American Progress*, 2018, pp. 3-4.

③ 相关论述参见 Gürol Baba and Senem Ertan, "Turkey at the Bandung Conference: A Fully-aligned among the Non-aligned", http://web.isanet.org/Web/Conferences/AP%20Hong%20Kong%202016/Archive/64185d87-7a01-44f1-acbc-1566b192398f.pdf。

克、巴基斯坦和英国签订《巴格达条约》，美国因与阿拉伯国家关系紧张没有直接参加，而是以观察员国的身份活动。该条约将中东划分成两个阵营，一个是土耳其主导下的巴格达条约组织国家，受美国支持；另一个是以埃及为首的阿拉伯国家，受苏联支持。伊拉克在1958年政变后退出巴格达条约组织，该组织更名为中央条约组织。① 实际上，巴格达条约组织使土耳其成为西方帝国主义在中东的代表。比如在1956年苏伊士运河危机中，土耳其选择了支持英法。但该组织不仅没有对土耳其的安全作出贡献，反而对土耳其与阿拉伯国家关系产生了负面影响。

其次，土耳其在库尔德问题上对美国有限妥协。从1990年伊拉克入侵科威特一直到1991年海湾战争期间，土耳其都允许以美国为首的多国部队使用因吉尔利克（İncirlik）空军基地，关闭了基尔库克—尤穆尔塔勒克（Kirkuk-Yumurtalık）石油管道，并在土耳其与伊拉克边境聚集了大约十万名士兵。② 土耳其本希望此举能有助于提升其在美国中东战略中的地位，但实际并未如愿，而且还付出了关闭石油管道和集结驻军带来的经济代价，美国的介入还推动了库尔德问题的国际化。③ 2003年伊拉克战争开始后，美国为颠覆萨达姆政权，采取了扶植伊拉克境内库尔德人武装的政策。由于海湾战争时期蒙受的经济损失还未得到有效补偿，土耳其不希望再次卷入美国对中东国家的干涉行为之中。土耳其议会因此决定，不允许美国军队通过土耳其领土进入伊拉克开辟"北方战场"。④ 但为了表示对库尔德人的支持，美国在

---

① Behçet Kemal Yeşilbursa, "CENTO: The Forgotten Alliance in the Middle East (1959–1979)", *Middle Eastern Studies*, Vol. 56, No. 6, 2020, pp. 854–877.

② Tarik Oǧuzlu, "Middle Easternization of Turkey's Foreign Policy: Does Turkey Dissociate from the West?", *Turkish Studies*, Vol. 9, No. 1, 2008, pp. 3–20.

③ Meliha Benli Altunışık and Özlem Tür, *Turkey: Challenges of Continuity and Change*, New York: Routledge, 2005, p. 53.

④ Philip Robins, "Confusion at Home, Confusion Abroad: Turkey Between Copenhagen and Iraq", *International Affairs*, Vol. 79, No. 3, 2003, p. 547.

2003—2008年间都禁止土耳其对库尔德武装据点实施军事行动。

"阿拉伯之春"影响下的叙利亚内战加剧了库尔德问题对土耳其国家安全的现实威胁，在自身利益难以与西方盟友利益达成一致的情况下，土耳其转而通过借力西方实现外交目标。首先，土耳其趁土美矛盾之机发展与俄罗斯关系，扩大了安全与能源保障。2016年未遂政变后，土耳其要求美国引渡埃尔多安的主要政敌法图拉·居伦，但遭到美国拒绝。2017年，土耳其与俄罗斯签订总价值约20亿美元的S-400防空导弹系统订单合同，俄罗斯从2019年7月开始向土耳其交付四个营的S-400防空导弹系统。美国因此将土耳其踢出F-35战机计划，并对土耳其的军事采购机构实施资产冻结和签证限制，禁止其获得美国的出口许可证。然而，美国的严厉制裁未能阻止土耳其和俄罗斯在2021年进行第二批S-400防空导弹系统的购买谈判。① 与此同时，土耳其在2018年与俄罗斯建成了跨海天然气管道"土耳其溪"（Turk Stream），并且不顾美国对伊朗的经济制裁继续从伊朗购买石油资源。其次，土耳其利用北约成员国身份积极调解地区冲突，提升自身影响力。一方面，土耳其作为北约唯一一个中东成员国，在2022年年初俄乌冲突爆发后，并没有保持原先"西方优先"外交政策，② 追随西方国家制裁俄罗斯，而是在乌克兰与俄罗斯之间实施了平衡外交，谋求在俄乌之间斡旋，致力于以和平谈判的方式解决俄乌冲突。③ 2022年7月，土耳其、俄罗斯、乌克兰、联合国及其下属的粮食及农业组织签署了黑海粮食协议，在一定

---

① The Moscow Times,"Turkey to Send Home Russian S-400 Missile System Experts in Signal to U. S. -Reports", https://www.themoscowtimes.com/2021/06/02/turkey-to-send-home-russian-s-400-missile-system-experts-in-signal-to-us-reports-a74078.

② 李秉忠:《海湾战争与土耳其中东外交政策评析》,载《史学集刊》,2011年第3期,第49页。

③ 杨晨:《土耳其在俄乌冲突中的平衡外交:表现、动因及影响》,载《阿拉伯世界研究》,2022年第5期,第81—82页。

程度上缓解了全球粮食危机。另一方面，北约接纳新成员遵循所有成员国"一致同意"的原则，也就意味着作为北约正式成员国的土耳其，在北约接纳新成员时具有"一票否决权"。2022年，芬兰和瑞典申请加入北约时，土耳其表示反对，并要求两国停止对库尔德工人党及其武装的支持、允许土耳其引渡未遂政变以来与"居伦运动"相关的人员，以及取消对土耳其武器出口的限制。① 这场博弈一直持续到2024年1月底，满足了土耳其提出的上述"重要条件"后，芬兰和瑞典的"入约"进程才得以推进。

亲西方的外交政策并没有给土耳其带来切实利益，在"阿拉伯之春"、叙利亚战争及未遂政变的推动下，土耳其外交政策从追随西方转向了通过借力西方实现自身的发展和利益。

三、主导构建地区秩序

曾经长期奉行亲西方外交政策的土耳其，为维护西方盟友在中东地区乃至全球的霸权做出了一系列重要行动，而如今土耳其立足中东和借力西方的重要目标之一是主导地区秩序。在这一背景下，土耳其外交政策开始致力于成为中东地区领导者，并塑造自身伊斯兰教与民主兼容的地区和国际形象。

首先，埃尔多安及其领导的正发党政府将伊斯兰教和奥斯曼帝国遗产看作与中东国家发展关系的积极因素。为了改变亲西方的外交政策带来的被动局面，艾哈迈德·达武特奥卢（Ahemet Davutoğlu）2009年出任土耳其外交部长，为土耳其对外政策注入了许多新思想。根据达武特奥卢的观点，土耳其既是中东国家，也是巴尔干国家、高加索国家、中亚国家、里海国家、地中海国

---

① 土耳其与北约关系的相关论述参见郭长刚、梁莹莹：《土耳其与北约关系：战略自主还是联盟至上》，载《西亚非洲》，2023年第1期，第110—130页。

家、海湾国家、黑海国家,土耳其需要同时为自身和上述地区提供安全和稳定的环境,并从中获益。所以,土耳其外交政策表现为五个方面。其一,必须平衡国内的安全与民主;其二,必须积极推行"与周边国家零问题"的外交政策;其三,必须与中东地区及相邻区域国家发展外交关系;其四,应当与世界大国发展互补型而非竞争型关系;其五,应具备可持续性和稳定性。① 2011年,土耳其政府提出了"2023愿景"的发展计划和目标,也称"百年愿景",即在土耳其共和国成立100周年之际,发展成为全球前十的国家。达武特奥卢曾提出:"到2023年,你们会看到土耳其的崛起,到2071年,土耳其人民将会作为尊贵的公民生活在一个全球性的大国。"② 在达武特奥卢外交新思想的推动下,土耳其对中东国家事务的参与逐渐增多,并将这种通过发展国内经济和政治来积极参与地区事务的对外关系行为描述为"新土耳其"的外交政策。③ 在中东外交政策方面,土耳其目标明确,即在地区事务中发挥作用,建立以土耳其为中心的地区秩序,主导中东区域一体化进程。

其次,土耳其与俄罗斯、伊朗构建了"功能性联盟",力图塑造对其有利的地区地缘环境,提升其地区和国际影响力。"阿拉伯之春"后,尤其是随着叙利亚内战的进行,土耳其在2017年与俄罗斯、伊朗两国启动了"阿斯塔纳和谈"(Astana Peace Talks)并发布联合声明。这是土耳其与俄罗斯、伊朗结成的"功能性联盟",与他们在叙利亚战场上共同的竞争对手美国展开对

---

① 相关论述参见 Ahmet Davutoğlu,"Turkey's Foreign Policy Vision: An Assessment of 2007",*Insight Turkey*,Vol.10,No.1,2008,pp.77-96。
② 昝涛:《历史视野下的"土耳其梦"——兼谈"一带一路"下的中土合作》,载《西亚非洲》,2016年第2期,第67页。
③ 关于"新土耳其"的论述,参见 Nikos Christofis,"The Foreign Policy of the 'New Turkey': Priorities, Challenges and Contradictions",*New Middle Eastern Studies*,Vol.9,No.1,2019,pp.1-12。

峙，并以此弱化美国、欧洲国家、海湾国家在中东地区的影响力。① 同时，土耳其的叙利亚政策也从关注叙利亚政权更迭转向专注于保持土耳其在叙利亚的影响力，从而改善边境安全环境、继续遏制库尔德工人党及其武装的崛起。②

四、树立人道主义国际形象

人道主义是土耳其外交的重要组成部分。达武特奥卢在其2013年发表的文章《土耳其人道主义外交：目标、挑战与前景》中分析了土耳其对索马里和叙利亚的人道主义援助，并指出这是土耳其的外交政策原则。③ 埃尔多安2014年通过全民直选的方式当选总统后，重申土耳其将以人道主义方式实施更加积极有效的外交政策。④ 2014年接任外长的迈乌吕特·恰武什奥卢（Mevlüt Çavuşoğlu）也在2019年的一次发言中强调了土耳其的人道主义外交原则。⑤ 土耳其一方面积极实施人道主义援助，另一方面倡导建立人道主义援助机制。

首先，土耳其在全球层面对多个国家实施了人道主义援助。2015—2022年间，土耳其已经为乌克兰提供了1000万美元的人

---

① Kaan Namli and Fadi Farasin, "ASTANA: The Rise of a New Alliance and Its Implications for International Relations", in Dania Koleilat Khatib eds. *The Syrian Crisis: Effects on the Regional and International Relations*, Singapore: Springer, 2020, pp. 123-144.
② 土耳其对叙利亚的外交政策请参考杨玉龙：《从"零问题"到安全化:21世纪以来土耳其对叙利亚外交政策》，载《阿拉伯世界研究》，2023年第5期，第137—157页。
③ Ahmet Davutoğlu, "Turkey's Humanitarian Diplomacy: Objectives, Challenges and Prospects", *Nationalities Papers*, Vol. 41, No. 6, 2013, pp. 865-870.
④ 魏敏：《中东剧变与土耳其的政治和外交转型》，载《中东研究》，2021年第2期，第8页。
⑤ "Opening Speech of H. E. Mr Mevlüt Çavuşoğlu", https://www.mfa.gov.tr/data/BAKAN/bkon2019-eng.pdf.

道主义援助。① 2017年8月缅甸罗兴亚人危机爆发时，埃尔多安分别与沙特阿拉伯、科威特、阿塞拜疆、孟加拉国、巴基斯坦、毛里塔尼亚、卡塔尔等国领导人通话，呼吁各方共同努力，解决缅甸罗兴亚人的问题；② 同年9月，土耳其第一夫人艾米奈·埃尔多安率代表团访问了在孟加拉国避难的缅甸罗兴亚穆斯林，并计划在孟加拉国为罗兴亚人搭建帐篷，供他们避难；③ 同月，土耳其合作与协调机构（TİKA）为受地震影响的墨西哥灾区修建了八座图书馆。④

其次，土耳其的人道主义援助主要集中在叙利亚和非洲国家。叙利亚内战开始后，大量难民出逃，有的经土耳其继续前往欧洲，但大部分滞留在土耳其。截至2018年年底，土耳其已为360万无家可归的叙利亚难民提供了庇护，投入了400亿美元为他们提供必要的援助和服务。⑤ 自2011年介入对索马里的援助以来，土耳其渴望成为非洲大陆的人道主义援助国，而不是单纯的经济大国和捐助者。土耳其在非洲尤其是在索马里的援助行为，既保障了自身的能源安全，拉动了经济增长，又扩大了政治影响

---

① Zenonas Tziarras, *The Ukiaine War and Turkey as a "Third Pole" in a New International Order*, Oslo: The Peace Research Institute Oslo, 2022, p. 1.

② "Erdogan Conducts Telephone Diplomacy with Muslim Leaders on Rohingya Crisis", https://www.dailysabah.com/diplomacy/2017/08/31/erdogan-conducts-telephone-diplomacy-with-muslim-leaders-on-rohingya-crisis.

③ "Turkey's First Lady Arrives in Bangladesh to Visit Rohingya Refugee Camp", https://www.dailysabah.com/diplomacy/2017/09/07/turkeys-first-lady-arrives-in-bangladesh-to-visit-rohingya-refugee-camp; "Turkey to Build Tent Camps in Bangladesh for Rohingya Refugees Erdogan Says", https://www.dailysabah.com/diplomacy/2017/09/08/turkey-to-build-tent-camps-in-bangladesh-for-rohingya-refugees-erdogan-says.

④ "Turkey Opens Libraries in Poor Towns in Mexico", https://www.dailysabah.com/turkey/2017/09/15/turkey-opens-libraries-in-poor-towns-in-mexico.

⑤ M. Murat Erdoğan, Kemal Kirişci and Gökce Uysal, "Improving Syrian Refugee Inclusion in the Turkish Economy How Can the International Community Help?", World Refugee & Migration Council Research Report, World Refugee & Migration Council, September 2021, pp. 9, 13.

力，还与非洲建立了良好的双边与多边外交关系。① 2017 年，土耳其在索马里设立了其海外最大的军事基地；随后，与尼日尔、利比亚等国签署国防协议，提供无人机和军事装备。土耳其还通过其主导的土耳其-非洲伙伴关系峰会、土耳其-非洲经济与商业理事会，以及"非洲医疗走廊"计划等机制扩大对非贸易、技术转移和人道主义援助。因此，土耳其在非洲的行动既是扩展地缘范围的过程，也是主导制度化的过程。

最后，土耳其还倡导建立由其主导的国际机制，以开展共同援助。2016 年 5 月，土耳其在伊斯坦布尔召开了首次世界人道主义峰会。2017 年，土耳其宗教事务局基金会为全球 64 个国家的 278 个地区提供了援助。另外，土耳其合作与协调机构在人道主义外交政策的实施中发挥着重要作用。② 该机构成立于 20 世纪 90 年代，在正发党执政期间从一个国内宗教管理部门逐渐发展成具有外交职能的区域性乃至全球性的组织。该机构的项目协调办公室从 2002 年的 12 个发展到 2023 年的 63 个，活动范围从 20 个国家扩展到 170 个国家，并且每年启动超过 1000 个新项目。③

根据联合国人道主义事务协调厅 2020 年的统计数据，土耳其是最大的难民接收国。④ 2020 年，土耳其人道主义援助支出占全球的 26%，约 84.4 亿美元，仅次于美国的 89 亿美元，排名第二；若以人道主义援助支出在国内生产总值中的占比来计算，土耳其则以 0.98% 成为全球最大的人道主义援助国，并且远超排名

---

① 李秉忠：《土耳其外交的"人道主义"取向》，载《现代国际关系》，2020 年第 4 期，第 39 页。

② 对土耳其合作与协调机构软实力的评估与分析，参见 Erman Akıllı and Bengü Çelenk, "TİKA's Soft Power: Nation Branding in Turkish Foreign Policy", *Insight Turkey*, Vol. 21, No. 3, 2019, pp. 135-151。

③ "TİKA Has Implemented more than 30 Thousand Projects in 30 Years", https://www.tika.gov.tr/en/news/tika_has_implemented_more_than_30_thousand_projects_in_30_years-67997.

④ "Global Humanitarian Overview 2021", https://cerf.un.org/sites/default/files/resources/Session%202%20-%20Global%20Humanitarian%20Overview%202021%20.

第二的卢森堡（0.19%）。① 人道主义援助代表了土耳其以文化、价值观为基本要素的软实力输出，目的是通过树立人道主义的国家形象，提升土耳其的国际影响力，这也是土耳其与沙特阿拉伯、以色列和伊朗对地区领导权的新竞争。②

五、与新兴市场国家合作实现经济发展

近年来，土耳其国内经济发展势头放缓，经济脆弱性越来越明显，特别是对外资的高度依赖导致美国等传统发达国家盟友对土耳其经济影响显著。而土耳其与美欧国家关系的疏远使得与发展中国家和地区加强经济合作成为其外交政策的必然选择。

首先，土耳其拓展了与非洲国家的经贸关系。土耳其优先发展了与撒哈拉以南非洲国家的经贸关系，双边贸易总额从2002年的9.98亿美元增长到了2015年的60亿美元。③ 正发党执政期间，土耳其与乌干达、苏丹、布基纳法索、马拉维、马达加斯加、肯尼亚、科特迪瓦、安哥拉、喀麦隆、博茨瓦纳和赞比亚等国都在不同程度上开展了经贸往来与合作。2017年4月，土耳其在安塔利亚召开了土耳其-非洲农业部长会议和农商论坛，强调了土耳其与非洲之间的双赢合作；④ 12月，埃尔多安对苏丹、乍得和突尼斯三国进行访问，并签署一系列加强经济伙伴关系的协

---

① "Turkey Ranks Second After US in Global Donor Countries Index", https://www.dailysabah.com/turkey/turkey-ranks-second-after-us-in-global-donor-countries-index/news.

② 姚琼瑶：《土耳其"积极进取"的周边外交：内涵、目标与前景》，载《阿拉伯世界研究》，2021年第4期，第88页。

③ "The Import-Export Rates of Turkey with Sub-Saharan African States", http://www.eknomi.gov.tr/index.cfm? sayfa=7155BE01-D8D3-8566-45208351967592CF.

④ "PM Yıldırım Warns African Countries Against Gülen Movement", http://www.hurriyetdailynews.com/pm-yildirim-warns-african-countries-against-gulen-movement-112495.

议。① 2018 年 2 月，埃尔多安又对非洲的阿尔及利亚、毛里塔尼亚、塞内加尔和马里四国进行访问，议程包括安全、经贸和基础设施建设等。② 土耳其与非洲的贸易总额从 2003 年的 54 亿美元增长到了 2019 年的 240 亿美元，2022 年则达到了 407 亿美元。③

其次，土耳其合作与协调机构在土耳其与拉丁美洲国家关系中发挥了重要作用，为圭亚那、厄瓜多尔、智利、巴西、巴拉圭和玻利维亚等国提供了技术和发展援助。2017 年 5 月，该机构在哥伦比亚安提奥基亚的农村地区修建了一所学校，哥伦比亚总统胡安·桑托斯（Juan Manuel Santos）亲自参加竣工仪式，并对埃尔多安的帮助表示感谢。④ 2017 年 10 月，委内瑞拉总统尼古拉斯·马杜罗（Nicolos Maduro）对土耳其进行国事访问，双方签署贸易协定。⑤ 2018 年 12 月，埃尔多安回访委内瑞拉期间，土耳其合作与协调机构向委内瑞拉捐赠了一批医疗设备和器械。2019 年年初，土耳其与委内瑞拉的黄金交易猛增，在委内瑞拉发生国内冲突时，埃尔多安对马杜罗政府表示了坚定的支持。2020 年穆斯林斋月期间，土耳其向委内瑞拉首都加拉加斯的贫困家庭运送了 400 个援助包。

最后，土耳其开始在亚洲市场寻求新的合作伙伴。一方面，

---

① "Erdogan Arrives in Tunisia on Last Leg of Africa Tour", https://www.trtworld.com/turkey/erdogan-arrives-in-tunisia-on-last-leg-of-africa-tour-13652.

② "Erdogan Starts New Africa Tour in bid to Enhance Economic, Security Ties", https://www.trtworld.com/africa/erdogan-starts-new-africa-tour-in-bid-to-enhance-economic-security-ties-15510.

③ Peter Fabricius, "Deciphering Türkiye's Africa Policy", https://issafrica.org/iss-today/deciphering-tuerkiye-s-africa-policy#:~:text=Writing%20in%202023%2C%20former%20Turkish%20ambassador%20Numan%20Hazar,increased%20from%202010%20in%202008%20to%202038%20today.

④ "Turkey Opens School in Colombia", http://www.trtworld.com/americas/turkey-opens-school-in-colombia-367373.

⑤ "Turkey Emerging as a 'New Power' Venezuelan President Maduro Says in Ankara", http://www.hurriyetdailynews.com/turkey-emerging-as-a-new-power-venezuelan-president-maduro-says-in-ankara-120490.

土耳其继续扩大其所在的中东与海湾国家市场。土耳其对中东和北非国家的出口额从2010年的284亿美元增长到了2022年的554亿美元。① 土耳其与海湾国家之间的贸易额从2010年的100.6亿美元增长到了2023年的227亿美元。② 另一方面，土耳其2019年颁布了"亚洲新倡议"（Asia Anew Initiative），目标是增加和平衡与亚洲国家的贸易，丰富并强化与亚洲国家的关系。2019年，土耳其开始对突厥语国家合作委员会（Cooperation Council of Turkic Speaking States）进行扩员，并在2021年将该组织重新命名为"突厥国家组织"（The Organization of Turkic States）。土耳其对突厥国家组织的贸易额从2019年的85亿美元增长到了2021年95亿美元，③ 对该组织的出口额也从2022年的60亿美元提升到了2024年的111亿美元。④ 与此同时，土耳其合作与协调机构对老挝和柬埔寨进行了工作访问，以审查其项目在当地的实施情况。2020年，土耳其与韩国签订了自由贸易协定。2022年1月，土耳其与孟加拉国签署了一项关于安全合作、反恐和

---

① World Bank,"Turkey: Exports, by Country and Region, 2010", https://wits.worldbank.org/CountryProfile/en/Country/TUR/Year/2010/TradeFlow/Export; World Bank, "Turkey: Exports, by Country and Region, 2022", https://wits.worldbank.org/CountryProfile/en/Country/TUR/Year/2022/TradeFlow/Export.

② Deena Kamel Yousef, "Turkey-UAE Investments Hit $10b in 2010", https://gulfnews.com/business/turkey-uae-investments-hit-10b-in-2010-1.771269; Batu Coşkun, "A New Regionalism: Türkiye and the Gulf Cooperation Council", https://trendsresearch.org/insight/a-new-regionalism-turkiye-and-the-gulf-cooperation-council/?srsltid=AfmBOooESXiL0Tq0uGAPOOrq-Jm3fUEcmrFn9hs41Hda7kDuo7brELml#_ftnref1.

③ Karam Saeed, "Why Erdogan Turned the Turkic Council into the Organization of Turkic States", https://arabwall.com/en/why-erdogan-turned-the-turkic-council-into-the-organization-of-turkic-states/; Azimzhan Khitakhunov, "Türkiye's Economic Diplomacy in Central Asia", https://www.eurasian-research.org/publication/turkiyes-economic-diplomacy-in-central-asia/.

④ "Exports to Organization of Turkic States Countries Increased to $6.8 Billion", https://bazaartimes.com/exports-to-organization-of-turkic-states-countries-increased-to-6-8-billion/; "Türkiye's Exports Hit Record Level of $262B in 2024: President Erdogan", https://www.middleeastmonitor.com/20250103-turkiyes-exports-hit-record-level-of-262b-in-2024-president-erdogan/.

打击毒品贩运的谅解备忘录。2022年,土耳其与印度尼西亚建立了高级别战略合作委员会,签署了有关国防和林业的两项协议,并在研究、技术和创新领域以及环境领域达成了谅解备忘录。除双边关系外,2023年开始,土耳其还和东盟联合为东盟国家学生提供奖学金,鼓励其到土耳其完成学业并参加土耳其语课程。在国内经济面临结构性困境和欧美传统伙伴关系弱化的双重压力下,土耳其政府通过深度开发非洲、拉美、亚洲市场,形成了规避外围依附风险和拓展战略自主空间的路径,这既是土耳其对全球权力转移的适应性调整,也是正义与发展党政府转移国内治理危机的举措。

The Manifestations of Türkiye's Foreign Policy Transformation Since the Arab Spring

Abstract: Since the Arab Spring upheaval in the Middle East, Türkiye's foreign policy has undergone significant adjustments by the Justice and Development Party (AKP) government, influenced by geopolitics, the Syrian civil war, and the coup attempt. These major adjustments underscored the growing autonomy of Türkiye's foreign policy. This paper argues that the AKP's adjustments to Türkiye's foreign policy, amid the combined impact of the Arab Spring, the Syrian civil war, and the coup attempt, constitute an important manifestation of Türkiye's foreign policy transformation. Firstly, rooted in its identity as a major power in the Middle East, Türkiye fully leverages its geographical advantages to advance its national development. Secondly, Türkiye exploits the delicate relationship with its traditional Western allies to engage in diplomatic maneuvering and achieve its diplomatic goals through leveraging Western influence. Thirdly, building on its position as a regional power and while maintaining ties with traditional Western allies, Türkiye is seeking to establish a Türkiye-centered regional order. Fourthly, Türkiye has enhanced its international influence by building a humanitarian image through international aid and refugee-related efforts. Moreover, cooperation with emerging market countries to drive economic development is also emerging as an important manifestation of Türkiye's foreign policy transformation.

Keywords: Türkiye; Foreign Policy; the Arab Spring; Justice and Development Party (AKP)

从伊朗加入上海合作组织看其"向东看"战略

内容提要：伊朗加入上海合作组织（以下简称"上合组织"）是其在复杂多变的国际环境中积极拓展外交空间的重要举措。面对美国及其盟友的极限施压，伊朗在最高领袖哈梅内伊领导下秉持"尊严、智慧和权宜"的外交原则，通过务实的外交行动努力突破外交困局。在坚定维护国家尊严和主权的同时，伊朗积极寻求与各国开展互利合作，力求打开外交新局面。伊朗加入上合组织的进程经历了从审慎评估到坚定推进的演变。在国际体系深刻调整的背景下，伊朗将加入上合组织视为其"向东看"战略的重要体现。作为正式成员国，伊朗希望借助上合组织平台，增强自身的战略韧性，缓解内外交困的复杂局面，进而在区域和国际事务中获得更大的话语权，为本国发展开拓更广阔的空间。未来，伊朗需要在上合组织框架内谨慎平衡国家利益与区域合作，通过审慎的外交策略既拓展合作机会，又避免在地缘政治层面引发新的矛盾，从而在突破西方制裁和维护自身战略自主性之间找到平衡点。

关键词： 伊朗外交　上海合作组织　"向东看"战略

作者简介： 武桐雨，西南大学中希文明互鉴中心讲师。

伊朗于2023年7月正式加入上合组织，成为该组织继印度和巴基斯坦之后的第九个成员国。伊朗的加入标志着上合组织的合作空间进一步"西扩"，这对于加强西亚地区的安全稳定和促进经济发展具有重要意义。上合组织自2001年成立以来，始终致力于维护地区和平与安全，促进成员国的务实合作，在打击"三股势力"、应对传统和非传统安全威胁、推动区域经济一体化等方面取得了丰硕成果。近年来，随着印度、巴基斯坦和伊朗的先后加入，上合组织的影响力不断提升，已发展成为欧亚地区不可或缺的重要力量。伊朗的加入无疑为上合组织注入了新的活力，也为深化成员国合作、维护地区和平稳定提供了新的机遇。本文将聚焦伊朗加入上合组织这一进程，系统分析其内在动因与外部环境，评估其对上合组织自身发展和地区格局的影响，以期为进一步深化上合组织研究、推动区域合作提供参考。

一、伊朗加入上合组织的政策变迁

回顾伊朗与上合组织的交往历程，可以看到这是一个循次而进的过程，也是伊朗不断激活周边合作网络、努力摆脱国际孤立与制裁困境的进程。伊朗于2004年申请观察员国身份，2005年7月与巴基斯坦和印度在上合组织阿斯塔纳峰会上共同成为观察员国，并于2008年提交正式加入申请。但美伊关系、伊核问题、国际制裁以及上合组织对伊朗态度无法达成共识等因素阻碍了伊朗的正式加入。① 2021 年 9 月 17 日，在上合组织杜尚别峰会上，上合组织成员国元首理事会通过了启动接收伊朗成为上合组织成员国程序的决议。2022 年 9 月，在上合组织撒马尔罕峰会上，签署了关于《伊朗伊斯兰共和国加入上海合作组织义务的备忘录》。这份文件确定了伊朗加入上合组织的义务，包括遵守上合组织宪章的目标和原则，以及加入所有有效的国际条约和规范性文件，标志着伊朗开始了成为上合组织正式成员国的进程。2023 年 7 月 4 日，伊朗正式加入上合组织，成为上合组织第九个正式成员国。

伊朗作为上合组织观察员国长达 18 年（2005—2023 年）。在此期间，伊朗经历了三任总统，分别是艾哈迈德·内贾德（Mahmoud Ahmadi-Nejad）、哈桑·鲁哈尼（Hassan Rouhani）以及易卜拉欣·莱希（Seyed Ebrahim Raisi）。尽管这三任总统在外交政策上的侧重有所不同，但他们都延续并发展了伊朗的总体外交原则和政策。尤其在最高领袖哈梅内伊（Ali Khamenei）的领导下，伊朗的整体外交方针保持稳定。同时，历任总统根据国际环境、地区局势及国内情况，对具体外交政策进行适时调整。总体上，加入上合组织长期是伊朗的重要外交目标。为实现这一目标，伊朗始终保持着积极的态度，并通过外交渠道持续努力。

（一）缘起：从"伊朗孤立"到"伊朗独立"

穆萨维·霍梅尼（Ruhollah Musavi Khomeini）担任最高领袖期间，伊朗奉行"不要东方，不要西方，只要伊斯兰"的外交原则，导致国际孤立。后霍梅尼时代，最高领袖哈梅内伊在继承霍梅尼外交思想的同时，对外交政策进行了调整。他提出"尊严、

---

① 李自国：《上海合作组织的扩员与命运共同体建设》，载《俄罗斯东欧中亚研究》，2021 年第 4 期，第 16—17 页。

智慧和权宜"的外交原则，强调在维护国家尊严和主权的同时，通过务实、灵活的外交手段积极融入国际社会，拓展外交空间。① 这一调整使伊朗外交更加凸显民族特色，尽管仍面临诸多挑战，但在一定程度上开拓了外交空间，有助于伊朗在复杂多变的国际形势中维护本国利益，彰显"伊朗独立"的国家形象。具体表现为：哈希姆·拉夫桑贾尼（Akbar Hashimi Rafsanjani）担任总统期间，伊朗与西方开展政治、经贸交流合作；穆罕默德·哈塔米（Seyyed Mohammad Khatami）担任总统期间，伊朗与世界文明开展互动；内贾德担任总统期间，伊朗加强与东方国家的交往；鲁哈尼担任总统期间，伊朗与西方缓和关系，同时加强与东方的建设性互动；莱希担任总统期间，实施以东方为主的"平衡外交、动态外交、智慧互动"外交方针。② 这一系列调整体现了伊朗在哈梅内伊领导下，以国家利益为出发点，努力在"西"与"东"之间探索平衡，在复杂多变的国际形势中维护本国利益，展现了哈梅内伊灵活务实的外交风格。

伴随20世纪90年代美国对伊朗"双重遏制"战略的提出，伊朗的"向东看"战略应运而生。这一战略的主要目的是应对伊

---

① "Adhering to Principles: A Global Approach in Facing Global Issues", https://www.leader.ir/en/content/26505/The-Supreme-Leader-of-the-Islamic-Revolution-met-with-officials-from-the-Ministry-of-Foreign-Affairs-and-ambassadors-of-the-Islamic-Republic-of-Iran-this-morning.

② 有关伊朗"向东看"战略，参见 Ali Fathollah-Nejad, "Iran's International Relations in the Face of Imperial Interpolarity: The 'Look to the East' Policy and Multifaceted Impact of Sanctions", in Ali Fathollah-Nejad, ed. *Iran in an Emerging New World Order*, Singapore: Palgrave Macmillan, 2021, pp. 271-333; Bahareh Sazmand, "Look East Policy: Regional Policy of Iran Towards Countries Located in the Sphere of the Iranian Civilization", *Journal of Iran and Central Eurasia Studies*, Vol. 2, No. 1, 2019, pp. 93-107; 阿里·阿达米：《伊朗伊斯兰共和国外交政策中的向东战略：观点、背景与机遇》（波斯文），载《政治研究季刊》，2010年第7期，第97—126页；法里博兹·阿尔加瓦尼·皮萨拉米：《内贾德统治下的伊朗与中国关系：面向东方的政策与结构》（波斯文），载《国际关系研究》，2016年第32期，第9—41页；凯汉·巴泽加：《伊朗外交政策中的地区主义》（波斯文），载《中亚欧亚研究》，2010年第1期，第23—40页；蒋真、王国兵：《伊朗"向东看"战略与"丝绸之路经济带"的构建》，载《中东问题研究》，2017年第1期，第136—147页。

朗与美国等西方国家关系的恶化，转而促进与中国、俄罗斯、印度等东方大国，乃至拉美地区国家的关系。① 基于此，伊朗开始加强与东方国家的互动，其间，历任总统均主张扩大与上合组织的合作。②

2004年，在时任总统哈塔米的推动下，伊朗申请成为上合组织观察员国。2005年6月，内贾德就任伊朗总统，同年7月，伊朗正式成为上合组织观察员国。此后，面对美国"双重遏制"战略的加压，内贾德政府坚定了"向东看"的外交实践，期望提升与中国、俄罗斯、印度等国家的关系。③ 2008年，伊朗表示希望成为上合组织的正式成员国，并提交了申请。然而，美国等西方国家在伊核问题上的反复以及对上合组织成员国拥核的担忧，限制了伊朗成为上合组织正式成员国的进程。④

（二）阻碍：国际制裁下的外交围困

2006—2010年间，联合国安理会就伊朗核问题通过一系列决议。这些决议不仅要求伊朗全面、持续暂停铀浓缩等与核计划相关的敏感活动并接受国际原子能机构的核查，还出台了对伊朗的

---

① Naser Saghafi Ameri and Afsaneh Ahadi, *Iran and Looking East Policy*, Tehran: Center for Strategic Research, 2008; Ali Adami, "Negah be Shargh dar Syasate Khareji Iran: Didgah, Zamine ha va Forsat ha", *Political Studies Quarterly*, Vol. 2, No. 7, 2010, pp. 97-126.

② 有关哈梅内伊时代伊朗外交政策，参见 Shireen T. Hunter, *Iran's Foreign Policy in the Post-Soviet Era: Resisting the New International Order*, US: Praeger Publishers, 2010; Anoush Ehteshami and Mahjoob Zweiri, *Iran's Foreign Policy: From Khatami to Ahmadinejad*, England: Ithaca Press, 2013; John Calabrese, *Revolutionary Horizons: Regional Foreign Policy in Post-Khomeini Iran*, UK: Palgrave Macmillan, 2014; Farhad Rezaei, *Iran's Foreign Policy After the Nuclear Agreement: Politics of Normalizers and Traditionalists*, London: Palgrave Macmillan, 2019; Ali Fathollah-Nejad, *Iran in an Emerging New World Order: From Ahmadinejad to Rouhani*, London: Palgrave Macmillan, 2021; Maria Toropova, *Rethinking the Religious Factor in Foreign Policy*, London: Palgrave Macmillan, 2021.

③ Fariborz Arghavani, "Ravabete Iran va Chin dar Doureye Ahmadinejad, Negah be Shargh va Payamad haye Sakhtari: Fslname Motaleate Ravabete Beynolmelal", *International Relations Studies Quarterly*, Vol. 32, No. 8, 2016, pp. 9-41.

④ Matthew Brummer, "The Shanghai Cooperation Organization and Iran: A Power-Full Union", *Journal of International Affairs*, Vol. 60, No. 2, 2007, pp. 185-186.

国际制裁措施。在此背景下，上合组织内部对于接纳伊朗为正式成员国存在不同意见。2010年，上合组织塔什干峰会通过的《上海合作组织接收新成员条例》明确规定，申请国"不应受到联合国安理会对其实施的制裁"。这一规定实际上限制了伊朗成为正式成员国的进程。同时，上合组织成员国对西方的政策呈现出多样性和复杂性：一些成员国在特定领域与西方开展了务实合作，而部分成员国在地缘政治、安全等问题上与西方存在分歧。作为上合组织观察员国，伊朗对西方的"抵抗"政策也并非能令所有成员国接受。2010年，时任伊朗总统内贾德没有出席在塔什干举行的上合组织峰会，反映出伊朗与上合组织在地区事务和对西方政策上存在分歧。

2013年，温和改革派鲁哈尼担任伊朗总统后，其政府推行"希望"及"建设性互动"的内外政策，极大地缓解了伊朗的内外交困局面。尤其在2015年伊核协议达成后，联合国安理会解除对伊朗的制裁，为伊朗重返国际社会创造了有利条件。制裁的解除不仅扩大了伊朗的外交活动空间，也吸引了大量西方企业前来投资兴业。在此背景下，鲁哈尼政府将外交重点放在了与西方国家，尤其是与欧洲国家的交流互动上，力图借助西方资本和技术推动国内经济复苏。相比之下，寻求加入上合组织的紧迫性有所降低。尽管伊朗高层官员仍以观察员国身份参与上合组织的各类活动，包括峰会、部长级会议和反恐演习等，但在此期间，伊朗加入上合组织的进程并无明显进展。

此外，塔吉克斯坦的反对成为阻碍伊朗成为上合组织正式成员国的重要因素之一，尤其是双方在宗教教派和地缘政治利益上的差异，给两国关系的稳定发展带来了挑战。① 2015 年年底，塔吉克斯坦伊斯兰复兴党（Islamic Renaissance Party of Tajikistan，IRPT）② 领导人穆希丁·卡比里（Mukhiddin Kabiri）应邀参加了在伊朗举行的伊斯兰统一会议，并与哈梅内伊会面。③ 塔方认为，伊朗此举是在支持塔吉克斯坦反对派，干涉塔吉克斯坦内政，危及塔吉克斯坦国家安全。因此，塔吉克斯坦政府向伊朗驻塔吉克斯坦大使发出抗议照会，两国关系随之急剧恶化。2016 年，塔吉克斯坦关闭了设在塔吉克斯坦境内的伊玛目霍梅尼援助委员会（IMDAD 基金会）及其文化和慈善中心，以示不满。2017 年 6 月，在上合组织阿斯塔纳峰会上，塔吉克斯坦行使否决权，明确反对接纳伊朗为正式成员国。塔吉克斯坦的立场成为阻碍伊朗加入上合组织的重要因素，伊朗加入上合组织的进程因此搁置。2018 年，塔吉克斯坦伊斯兰中心的乌里玛委员会（The Council of Ulema）④ 再次指责伊朗利用反对派破坏塔吉克斯坦国内稳定，由此引发两国激烈争议，导致两国关系持续紧张。

（三）推动：灵活调整"向西看"，望向东方

2018 年，美国特朗普政府单方面退出伊核协议并重启对伊制裁，使鲁哈尼政府的"向西"接触政策遭遇重大挫折。对此，最

---

① 伊朗与塔吉克斯坦关系历程表现为"钟摆式"。1991 年，塔吉克斯坦在苏联解体后独立，但随即发生多年内战，伊朗对塔吉克联合反对派（UTO）的支持使得两国关系呈现为地缘政治对抗。随后，阿富汗塔利班的出现为结束塔吉克斯坦内战以及伊塔两国改善关系提供了契机。1997 年和平条约缔结后，塔吉克斯坦与伊朗关系进入稳定发展和解冻期。但 2013 年后，两国关系因伊朗支持塔吉克斯坦反对派及他国干预等问题再次降温。关于伊朗与塔吉克斯坦的关系发展，参见 Parviz Mullodjanov, "Tajik-Iranian Relations Under the New Conditions", *Central Asian Bureau for Analytical Reporting*, https://cabar.asia/en/tajik-iranian-relations-under-the-new-conditions.

② 塔吉克斯坦伊斯兰复兴党在 2015 年被塔吉克斯坦政府宣布为极端主义恐怖组织。

③ "Tajikistan: Iran Gives Warm Welcome to Exiled Opposition Leader", https://eurasianet.org/tajikistan-iran-gives-warm-welcome-to-exiled-opposition-leader.

④ 乌里玛委员会是塔吉克斯坦伊斯兰中心下设的、由伊斯兰法律与神学专家组成的宗教权威机构。

高领袖哈梅内伊明确表态，强调"我们当今外交政策的优先事项之一是优先选择东方而不是西方，优先选择邻国而不是偏远国家和民族，优先选择与我们有共同特征的国家而不是其他国家"。① 在此背景下，伊朗"向东看"战略重新成为其外交政策的重要议程。②

鲁哈尼政府的外交实践呈现出一定的灵活性和多元化特征。一方面，鲁哈尼政府致力于缓和与西方的矛盾，推动建设性互动，将解决伊核问题、吸引欧洲投资作为外交重点。2015年达成的伊核协议为伊朗重返国际社会、拓展对外关系创造了有利条件。然而，美国退出伊核协议并加大制裁力度，给鲁哈尼政府的外交努力带来严重冲击，恢复伊核协议、取消制裁成为当时伊朗外交的当务之急。③ 另一方面，尽管受制于美国施压，但鲁哈尼政府并未完全放弃非西方的合作方向。实际上，伊核协议的签署为伊朗融入国际社会扫清了障碍，也为其加入上合组织创造了有利条件。伊朗与俄罗斯、中国的密切互动也为其加入上合组织提供了重要支持。2018年，伊朗与欧亚经济联盟签署自由贸易协定，该协定于次年生效。2021年，伊朗与中国签署了为期25年的全面合作协议。这表明伊朗正通过多元外交拓展国际空间，突破孤立困境。总的来看，尽管鲁哈尼政府在改善与西方关系、摆脱制裁方面遭遇挫折，但其务实外交并非完全无果。通过灵活调整"向西看"策略，积极推进"向东看"合作，伊朗正逐步赢得国际社会的认同，其国际地位和影响力持续提升。

---

① Khamenei. ir,"US Wanted to Isolate Iran, but Our Relations with Asia Became 100 Percent Stronger & This Will Continue",https://english.khamenei.ir/news/9597/US-wanted-to-isolate-Iran-but-our-relations-with-Asia-became.

② Bahareh Sazmand,"Look East Policy: Regional Policy of Iran Towards Countries Located in the Sphere of the Iranian Civilization", *Journal of Iran and Central Eurasia Studies*, Vol. 2, No. 1, 2019, p. 101.

③ 赵广成：《伊朗鲁哈尼政府的外交评析》，载《国际论坛》，2019年第3期，第139—154页。

同时，伊朗积极寻求上合组织成员国的共识和接纳。如前所述，伊朗与塔吉克斯坦之间的政治分歧成为阻碍其成为正式成员国的重要因素。为此，伊朗在2017年后尝试修复与塔吉克斯坦的关系，在鲁哈尼政府建设性互动外交和地区形势变化的推动下，两国关系取得显著进展。面对塔吉克斯坦世俗政府和逊尼派主导的社会现实，鲁哈尼政府采取了务实灵活的策略。一方面，伊朗淡化了教派因素在双边关系中的敏感性，转而强调两国共同的波斯文明渊源，以深厚的文化语言纽带为基础，推动关系解冻。正如鲁哈尼表示，"两国之间古老的、牢不可破的文化纽带是无与伦比的"。① 另一方面，伊朗也积极利用地区安全形势的变化，发挥自身优势，深化与塔吉克斯坦的务实合作，消解双方分歧，促进关系良性发展。2017年11月，时任伊朗外长贾瓦德·扎里夫（Javad Zarif）访问杜尚别，出席伊朗驻塔吉克斯坦使馆新址启用仪式，并与塔方领导人沟通，表明重建双边关系的坚定决心。2019年6月，总统鲁哈尼和外长扎里夫在德黑兰会见塔吉克斯坦外长西罗吉丁·穆赫里丁（Sirojiddin Muhriddin），双方承诺将在共同关心的领域加强合作，推动关系全面发展。这是自2013年以来两国首次以友好姿态举行的高级别会晤，标志着双边关系出现转圜迹象。此后，两国各层级交往日益密切。伊朗外交部邀请塔吉克斯坦驻伊大使扎赫迪出席"雅尔达：地区团结"（Yalda: Regional Solidarity）网络研讨会，纪念两国共同的传统节日，彰显文化因素在增进地区国家团结方面的积极作用。② 2021年4月，伊朗和塔吉克斯坦同意成立联合防务委员会，为深化双边安全合作铺平道路。伊朗前最高国家安全委员会秘书阿里·沙

---

① *Tehran Times*, "Rouhani Congratulates Tajikistan on Independence Day", https://www.tehrantimes.com/news/416633/Rouhani-congratulates-Tajikistan-on-Independence-Day.

② "Spokesman Attends 'Yalda, Regional Solidarity' Webinar", https://en.mfa.ir/portal/newsview/621210.

姆哈尼（Ali Shamkhani）表示，阻碍伊朗成为上合组织正式成员国的"政治障碍"已经消除。①

（四）加速："向东看"的动态外交

面对国际格局与地区局势纷繁复杂的变化，伊朗加速了成为上合组织正式成员国的进程。2021年，伊朗强硬保守派莱希担任总统，进一步确认了"向东看"战略。2021年9月17日，上合组织杜尚别峰会通过了启动接收伊朗成为上合组织成员国程序的决议。随后，在2022年9月16日的撒马尔罕峰会期间，各方共同签署了《关于伊朗伊斯兰共和国加入上海合作组织义务的备忘录》。推动伊朗加入上合组织是莱希政府的一项重要外交成就，②体现了其"向东看"战略的实质性进展。在此背景下，莱希政府提出的外交方针旨在确保和巩固伊朗国家安全，维护地区稳定。在这一框架下，莱希强调，"外交政策中最重要和主要的优先事项是改善与邻国的关系"。③这一立场既包括了加强与东方国家的合作，也涵盖了改善与周边国家的关系，旨在为伊朗的稳定和发展创造有利的外部环境。

在这一过程中，莱希政府优先与周边国家进行合作，并着眼于深化与亚洲国家的互动。伊朗加入上合组织成为其"向东看"战略中的重要成就，尤其是在伊核协议谈判陷入僵局的背景下。即使在拜登政府时期，美国也并未采取实质性缓和措施，反而继续对伊朗施加制裁。面对这一局面，伊朗积极寻求多元外交，而加入上合组织便是其中的关键一环。2021年，莱希当选伊朗总统

---

① "Iran Set to Become Full Member of Shanghai Cooperation Organization", https://thecradle.co/Article/news/982.
② 《莱希：上合组织启动接收伊朗为成员国的程序是伊"外交成就"》，http://www.news.cn/world/2021-09/19/c_1127879690.htm.
③ 在莱希政府的外交战略中，欧亚、西亚、东亚、高加索、东盟等地区被视为重点方向，伊朗积极参与上合组织和欧亚经济联盟，并加强与经济合作与发展组织（OECD）等经济组织的合作，推动南北、东西向的过境和经济走廊建设。

后首次出访便前往杜尚别参加上合组织峰会,明确传达了新政府外交重心东移的信号,表明了伊朗巩固东方关系的战略方向。这一举措也说明,伊朗政府已就上合组织对其实现"向东看"战略的重要性达成共识。伊朗在上合组织中的地位从2005年的观察员国到2023年的正式成员国,充分印证了该组织在其外交布局中日益提升的重要性。2022年上合组织撒马尔罕峰会期间,莱希展现了积极的外交姿态,率领高级代表团积极参会,与成员国领导人广泛会谈,签署多项合作文件,力求在区域和全球事务中发挥更加积极、建设性和有效的作用。

总体而言,伊朗与上合组织成员国在意识形态和政治制度上存在一定差异,这一度影响了伊朗加入上合组织的进程。然而,伊朗通过调整外交政策、采取务实措施,展现出与国际社会开展建设性对话与合作的意愿。随着时间推移,伊朗在外交实践中更加注重现实利益,力求在维护国家主权和独立的同时,促进地区合作与发展。伊朗在反恐领域展现出的决心和行动,例如与"伊斯兰国"极端组织的斗争以及在阿富汗问题上的斡旋等,在很大程度上与上合组织的安全目标一致。这种立场上的趋同增强了伊朗与上合组织成员国之间的互信。此外,国际形势的演变促使伊朗在外交政策中日益重视务实合作。同时,伊朗自身综合国力的提升也使其成为一个更具吸引力的合作伙伴。这些因素共同构成了伊朗成为上合组织正式成员国的重要基础。

二、伊朗加入上合组织的动因分析

伊朗的"向东看"战略源于其追求生存、发展和抵御外部压力的现实需求。① 在地区地缘政治格局不断演变的背景下,伊朗采取灵活的外交策略,积极参与地区事务,并加快推进基础设施建设和经济合作项目。伊朗独特的地理位置、经济潜力、丰富的能源资源,以及在反恐领域的实践经验,能够为上合组织的发展壮大贡献力量。伊朗加入上合组织不仅有助于提升其地区影响力,而且为深化与其他成员国的互利合作、共同应对地区挑战提供了更广阔的空间。同时,作为一个拥有悠久历史和灿烂文明的国家,伊朗的加入将为促进上合组织成员国在人文、教育、科技等领域的交流互鉴注入新的活力,为地区的可持续发展开辟新的途径。

(一) 国际层面释放地缘位置优势

伊朗具有成为欧亚大陆重要运输和能源节点的客观条件。其扮演着连接西亚、中亚及南亚的纽带角色,是高加索和印度次大陆以及里海、波斯湾和阿曼海三个海域的关键过境点。由于其独特且重要的地缘位置,伊朗自古以来就是文明的十字路口和连接东西方的桥梁。

伊朗的地缘政治地位具有独特性。它同时存在于亚洲多个政治地理区域:是中东国家的成员,是波斯湾国家的成员,也是里海沿岸国家,还与中亚相连。这种独特的地理位置使伊朗成为东西南北四个方向的交流枢纽,尤其成为中亚国家的重要过境路线。伊朗丰富的油气资源、众多的人口、得天独厚的地缘政治和地缘经济地位,构成了其发展对外关系的坚实基础。在现有的主要区域过境路线中,如共建"一带一路"倡议、中亚铁路和国际南北运输走廊(INSTC)等,伊朗都发挥着关键作用。时任伊朗总统鲁哈尼在2018年上合组织青岛峰会上发表讲话时表示:"伊

---

① Jahangir Karami, "Syasate Sharghye Irani", https://www.etemadnewspaper.ir/fa/Main/Detail/151411/.

朗的战略地位使东西方联通、南北联通成为可能。中亚和东亚国家可以在伊朗的帮助下与波斯湾地区接轨。"① 这凸显了伊朗在区域互联互通中的关键作用。

加入上合组织将使伊朗对贯通国际南北运输走廊产生更加重要的作用，尤其是将阿富汗和中亚连接到该走廊，有助于解决货物过境问题，促进贸易和能源互联互通，提高运输效率。同时，伊朗的加入为上合组织作为保障欧亚运输走廊沿线安全的组织开辟了新的发展前景，为共建"一带一路"倡议与国际南北运输走廊的协调发展创造了条件，提升了上合组织整合区域经济的广度和深度。

特别是在俄乌冲突和西方对俄罗斯制裁导致国际贸易和运输路线中断的情况下，伊朗作为连接中国、中亚、俄罗斯、南亚与欧洲的过境和运输枢纽的重要性显著增加。伊朗长期致力于促进国际南北运输走廊与其他东西向走廊之间的互补，特别是共建"一带一路"倡议的"中国—中亚—中东"走廊。在2021年9月的上合组织杜尚别峰会上，莱希提出，共建"一带一路"倡议、欧亚经济联盟和国际南北运输走廊等重点基础设施项目不是竞争对手，而是相辅相成的，伊朗则是这三个基础设施项目之间的纽带。②

（二）在地区事务中扩大影响力

区域是国家安全与全球安全相互影响的重要层面。③ 伊朗凭借其在反恐领域的能力和经验，一直处于地区反恐斗争的前沿。

---

① "President Rouhani's Speech at the Shanghai Cooperation Organization (SCO) Summit", https://www.president.ir/en/71123.

② "Iran's Raisi Urges Closer Ties to Boost SCO Role in Global Economy", https://www.tasnimnews.com/en/news/2021/09/17/2573090/iran-s-raisi-urges-closer-ties-to-boost-sco-role-in-global-economy.

③ Barry Buzan and Ole Waever, *Regions and Powers: The Structure of International Security*, Cambridge: Cambridge University Press, 2003, p. 43; Kayha Barzegar, "Regionalism in Iran's Foreign Policy", *Central Eurasia Studies*, Vol. 3, No. 1, 2010, pp. 23-25.

在应对宗教极端主义、恐怖主义、贩毒等地区非传统安全威胁，以及为邻国阿富汗难民提供庇护等方面，伊朗为维护地区稳定与安全发挥着重要作用。

加入上合组织后，伊朗继续在反恐斗争中扮演关键角色。上合组织成立之初的主要目标是建立区域安全合作机制，将打击恐怖主义、极端主义和分裂主义作为优先事项。此后，上合组织逐步扩展其职能，在框架内实施地区战略，旨在打击"三股势力"，确保边境安全、地区稳定，并促进经济发展和地区能源合作。"伊斯兰国"极端组织的威胁以及美国从阿富汗撤军等地区安全形势的变化，使得上合组织成员国间的反恐合作继续占据核心地位。

维护地区安全稳定也是伊朗周边安全利益的重中之重。因此，伊朗与上合组织在反恐领域的利益高度一致。双方在打击恐怖主义和极端主义方面的利益共同点，推动了伊朗与上合组织的合作。这也体现了在新安全观的指导下，各国寻求安全的手段日益多元化，加强对话与合作的重要性。[①] 伊朗与上合组织成员国在打击国际恐怖主义方面开展广泛的合作。此外，上合组织通过了《打击恐怖主义、分裂主义和极端主义上海公约》，并建立了上合组织地区反恐机构以协调联合行动等反恐政策和举措，这些都切合了伊朗的地区安全关切。

在阿富汗问题上，伊朗具有独特优势。伊朗与阿富汗在族群、宗教、历史文化等方面紧密联系，如跨界族群俾路支人、阿富汗的哈扎拉什叶派以及伊朗接收的大量阿富汗难民等，为伊朗在阿富汗问题上提供了一定的影响力。对上合组织而言，阿富汗局势关系着地区的安全稳定，尤其是恐怖主义扩散、毒品贩运与

---

① 余建华：《上海合作组织与新安全观》，载《毛泽东邓小平理论研究》，2005年第3期，第79页。

难民潮等跨国挑战亟需地区合作应对。伊朗的参与能够为上合组织提供独特的地缘支撑和情报资源，提升区域协调与危机应对的能力。2022年1月8日至10日，阿富汗塔利班代理外交部长穆塔基率团访问伊朗。在伊朗斡旋下，与前外长阿卜杜勒希扬（Hossein Amir-Abdollahian）及反塔利班力量民族抵抗阵线的成员举行会谈。尽管伊朗的斡旋尚未取得决定性成果，但其展现的地区协调能力与上合组织的安全治理框架形成了战略互补。这种互补并非简单的资源拼凑，而是反映出复杂地区安全议题对多层次治理的现实需求。伊朗和阿富汗的双边关系与上合组织机制的交叉互动，实际上体现了全球南方背景下区域安全格局的重构趋势。

（三）满足国内发展和治理需求

美国特朗普政府对伊朗的极限施压和经济制裁已大量消耗了伊朗的各方力量，影响了其国内治理和发展。由于对金融和原油交易的重大限制，伊朗的外汇收入大跌，国内失业率上升，消费者价格指数上涨，货币贬值，面临较为严峻的经济困境。这些问题直接威胁到伊朗的社会稳定和民生改善，使得解决国内发展问题成为当务之急。

在此背景下，伊朗加入上合组织成为其应对国内外挑战的重要战略选择。伊朗的主要目标包括：抵御西方极限施压和反对单边制裁，为国内经济发展创造有利的外部环境；加强欧亚地区的和平、安全和睦邻关系，为国内治理提供稳定的地区环境；深化与中亚和南亚国家在政治、经济和文化方面的联系，寻求新的经济增长点；缓解国内压力，改善民生，促进社会发展。

伊朗成为上合组织正式成员国不仅是获得政治威望和结束孤立的努力，还将为伊朗摆脱制裁困境、促进国内经济复苏打开新局面。加入上合组织将使伊朗显著深化与其他成员国的双边和多边合作，有助于吸引外资、促进贸易，从而为解决国内失业、通货膨胀等问题提供新的机遇。同时，伊朗采取了多元化策略，一方面希望通过谈判重建核协议并解除经济制裁，另一方面努力与俄罗斯、中国和周边国家保持多样化的经济联系。这一战略旨在通过分散风险来确保国家安全和经济稳定，为国内治理和发展创造更有利的条件。通过参与区域合作，伊朗希望获得技术、投资和市场准入，这些都是推动其国内经济发展和改善民生的关键因素。然而，尽管伊朗与上合组织成员国经贸合作快速发展，但其潜力尚未充分发挥，且仍面临严重的贸易逆差。因此，伊朗将继续探索如何借助上合组织成员国这一身份获取经济红利，包括扩大消费市场、推动石油及其他能源的稳定出口，以及获取不同产业发展所需的技术和物质资源等。

在非传统安全领域，伊朗面临着较为严峻的水资源和粮食安全挑战。气候变化、政府管理不足以及有限的水资源共同加剧了这些问题。伊朗长期面临干旱威胁，还需应对洪水等极端天气事件。过去的小麦自给自足政策虽然带来了政治稳定，但也导致了水资源的过度开发和环境问题，如沙尘暴的增加。[①] 这些挑战凸显了伊朗在国家治理方面的迫切需求。一方面，伊朗着力提高自身的资源管理能力，实施更加可持续的农业政策和水资源政策。另一方面，伊朗寻求与上合组织携手应对气候变化、环境和粮食安全等区域性和全球性挑战，与邻国就水治理等共同议题开展积极互动。

总之，伊朗加入上合组织不仅是一项外交战略，更是其应对国内治理与发展迫切需求的重要举措。通过深化区域合作，伊朗希望获得经济发展所需的资源和技术，同时寻求解决水资源管

---

① Ali Moridi, "State of Water Resources in Iran", https://water.fanack.com/wp-content/uploads/2022/02/IJH-01-000211-1.pdf.

理、粮食安全等关键国内治理问题的区域支持和合作机制。

（四）对接上合组织的合作机遇

上合组织对伊朗的吸引力体现在政治、经济、安全和地区影响力等多个层面。它为伊朗提供了一个重要的多边合作平台，有助于伊朗突破国际孤立，推进其地区和全球战略目标。尤其是上合组织成员国在调整和改变国际关系体系中的力量对比方面具有很大潜力。这与伊朗寻求突破西方制裁、改善国际地位的目标高度契合。通过加入上合组织，伊朗不仅能够参与塑造新的国际秩序，还能够在这一过程中增强自身的国际影响力。

首先，伊朗的"向东看"战略与上合组织的"西扩"相契合，为双方合作奠定了基础。伊朗将上合组织视为一个有潜力为地区稳定与繁荣作出贡献的重要区域性合作组织。随着上合组织影响力的不断增强，伊朗期望通过这一平台促进多边主义，在欧亚大陆建立新的安全秩序，并将伊朗经济与非西方资本和技术市场联系起来。

其次，上合组织的目标和框架符合伊朗的战略需求。尽管上合组织并非纯粹的经济组织，但它为成员国提供了经济机会。上合组织的目标不仅包括维护地区安全和打击极端主义，还涵盖了促进稳定与合作、经济互惠等方面，这与伊朗追求的现代地区可持续发展理念相符。莱希表示，上合组织与"上海精神"将是21世纪维护和平的重要工具。①

再次，上合组织为伊朗提供了加强地区影响力的机会。在阿富汗塔利班掌权后，中亚地区的地缘政治格局发生了变化。伊朗作为地区大国，可以通过上合组织这一平台，利用自身的地缘优势和实力，推进与中亚国家的伙伴关系。上合组织成为伊朗与中

---

① 《伊朗总统莱希在上海合作组织成员国元首理事会第二十一次会议上讲话》，https://zh.irna.ir/news/84474090/。

亚国家建立和加强双边关系的有力杠杆。

最后，上合组织为伊朗开辟了安全合作的新路径。与此前未能加入海合会不同，成为上合组织的正式成员国使伊朗能够在更广泛的周边地区发挥有意义的作用，参与探索本地区的贸易路线、资本流动和技术需求。这对于面临国际制裁和美国极限施压的伊朗而言，具有重要的战略意义。

总之，伊朗加入上合组织反映了其在面对国际孤立和经济制裁时寻求突破的战略选择。通过成为上合组织成员国，伊朗不仅希望在地区事务中发挥更大作用，改善其经济状况，还希望重塑其国际形象，在全球治理中获得更多话语权。这一举措体现了伊朗在复杂国际环境中谋求国家利益最大化的外交智慧，也标志着伊朗外交政策朝着更加多元化、多边化的方向发展的重要转型。

三、伊朗加入上合组织的机遇与挑战

在大国战略竞争不断加剧的背景下，中东国家正在百年变局中探索符合自身国情的发展道路，力求在地区和国际格局重塑进程中确立有利地位。[①] 伊朗正式成为上合组织成员国，标志着其外交战略的重要突破，为其在地区和国际舞台上的发展带来了新的机遇，同时也带来一系列挑战。作为一个长期受到西方制裁和国际孤立的国家，加入上合组织无疑是伊朗外交的一个重要转折点，为其突破困境、重塑对外关系提供了宝贵平台。然而，如何有效利用这一机遇，同时应对随之而来的挑战，是伊朗未来外交政策的关键。

（一）提升国际地位和影响力

首先，上合组织为伊朗提供了一个在国际舞台上展示自身作

[①] 孙德刚、章捷莹：《大国战略竞争背景下中东地区格局的演进》，载《和平与发展》，2023年第2期，第29—51页。

为负责任地区大国的重要平台。通过积极参与解决地区问题，伊朗可以增强在地区事务中的影响力。上合组织坚持"不干涉内政"和"平等协商"的原则，这不仅满足了伊朗作为地区大国被尊重的需求，也为其在组织框架内发挥更大作用创造了条件。

其次，加入上合组织还为伊朗促进与国际社会的良性互动提供了机会。伊朗可以借此向国际社会释放善意信号，逐步与成员国建立互信。这种良性互动可能带来更多的国际合作机会，如伊朗受邀加入金砖国家就是一个显著例证。① 这些发展有助于伊朗深化其"向东看"战略，推动国家的长远发展，同时也为其进一步融入国际社会奠定了基础。② 此外，伊朗将对新的合作议题发挥地区影响力，例如伊朗提议的建立海上安全机制将成为上合组织拓展的新领域。③

再次，作为上合组织成员，伊朗有更大的动力以负责任的态度处理地区事务，从而改善地区关系。例如，在中国的斡旋下，伊朗与沙特实现了和解，这有助于缓解地区紧张局势。伊朗的这种积极姿态有利于推动中东地区的"和解潮"，为地区稳定和发展创造有利条件。这不仅体现了"上海精神"的精髓，也为上合组织的发展创造了良好的地区环境。

最后，通过积极参与上合组织事务，伊朗有机会逐步塑造新的国际形象。这有助于改变其在国际社会中的固有印象，展示伊

---

① "Iran's President Says BRICS, SCO Promote Cooperation Among Independent Countries", https://english.news.cn/20230825/6dddba8ff5c04a989f6a042fba83caf7/c.html.

② "Iran's Membership in Shanghai Cooperation Organization Sets the Stage for a New Era of Asian Cooperation", http://www.irdiplomacy.ir/en/news/2020482/iran-s-membership-in-shanghai-cooperation-organization-sets-the-stage-for-a-new-era-of-asian-cooperation.

③ 2023年4月底在印度举行的上合组织国防部长会议上，伊朗提议上合组织建立海上安全机制，建议的"海上安全带"（Maritime Security Belt）将用于保护上合组织成员国之间的贸易和航道安全。参见"Iran Ready for Joint Naval Drills with SCO Members", https://www.tasnimnews.com/en/news/2023/04/28/2886289/iran-ready-for-joint-naval-drills-with-sco-members; "Iran Calls for 'Maritime Security Belt' at SCO Meeting", https://new.thecradle.co/articles/iran-calls-for-maritime-security-belt-at-sco-meeting。

朗致力于国际合作的一面。

尽管加入上合组织不能直接使伊朗成为被国际社会广泛承认的地区大国,但它为伊朗提供了一个重要的平台,使其能够展示负责任大国形象,改善国际关系,并逐步提升在国际舞台上的地位和影响力。这是一个长期过程,需要伊朗的持续努力和战略性参与。通过上合组织这个平台,伊朗有望在未来获得更多国际认可,并在全球治理中发挥更加积极的作用。

(二)拓宽维护和保障安全的地缘空间

加入上合组织为伊朗提供了一个新的平台,有助于其应对复杂的地区安全环境并拓展安全合作。长期以来,伊朗面临来自美国及其地区盟友的安全威胁,从两伊战争到美国对伊拉克和阿富汗的战争,再到"阿拉伯之春"和打击"伊斯兰国"极端组织等地区动荡,都给伊朗带来了巨大的安全压力。在这种背景下,成为上合组织的正式成员国为伊朗提供了新的安全合作机会。

首先,上合组织为伊朗提供了一个与周边国家进行安全对话和合作的多边平台。这使伊朗能够在一个更加包容和平等的环境中讨论地区安全问题,而不是单独面对美国及其盟友的压力。通过参与上合组织的安全合作机制,伊朗可以更好地表达自身的安全关切,并寻求集体解决方案。

其次,加入上合组织有助于伊朗突破西方限制,开拓东方发展空间。[1] 面对美西方的制裁和压力,伊朗与中亚各国、巴基斯坦和印度等国的双边合作受到限制。上合组织为伊朗提供了一个新的合作平台,有助于确保其边境安全并加强与周边国家的互动。此外,通过遵守上合组织的宪章和行为准则,伊朗可以向邻

---

[1] 西方多认为,伊朗将加入上合组织视为增强外部合法性、加强以安全为导向的地区主义以及促进向所谓"多极世界秩序"过渡的一种手段。参见 Nicole Bayat Grajewski, "Iran and the SCO: The Quest for Legitimacy and Regime Preservation", *Middle East Policy*, Vol. 30, No. 2, 2023, pp. 38-61。

国展示其和平发展的意愿,有助于消除邻国对其地区政策的疑虑,为拓宽合作扫除信任障碍。

最后,伊朗加入上合组织恰逢该组织的"西扩"进程,这为伊朗重建并拓展与西部邻国的关系创造了有利条件。阿联酋和科威特成为上合组织"对话伙伴",沙特、卡塔尔和埃及也签署了相关备忘录,这些发展为伊朗参与更广泛的地区合作提供了机会。特别是伊朗与沙特开启的"和解潮",有望产生溢出效应,促进地区冲突的政治解决,并加强应对跨国安全挑战的合作。

总之,通过加入上合组织,伊朗有望在一个更加包容的框架内应对其安全挑战,同时为地区稳定作出贡献。这种参与可能有助于伊朗改善其地区关系,并在更广泛的国际舞台上扮演更具建设性的角色。然而,实现这些积极影响仍需要伊朗持续努力,并在地区事务中采取更加协调和合作的方式。

(三) 明晰并强化地区枢纽的战略地位

伊朗"向东看"战略的重点在于发挥其地缘经济优势。随着国际经济重心东移,伊朗审时度势调整"经济外交"方向。莱希政府在"抵抗型经济"政策的指导下提出"经济外交",以期通过"向东看"扩大经贸伙伴关系网,改善国内困境。

首先,伊朗地处欧亚大陆多条重要国际走廊的交汇点,加入上合组织为其充分利用这一地理优势创造了条件。伊朗可以借此机会将自身打造成连接东西、贯通南北的国际运输枢纽,不仅能够加强区域融合,还能为伊朗能源出口开辟新的市场。[1] 这一战略定位的实现将有效提升伊朗在区域经济中的重要性。

其次,上合组织为伊朗提供了拓展经贸合作网络的重要平台。上合组织成员国占世界人口的近50%,国内生产总值占全球

---

[1] Mehdi Sanaei and Jahangir Karami, "Iran's Eastern Policy: Potential and Challenges", *Russia in Global Affairs*, Vol. 19, No. 3, 2021, pp. 25-49.

经济总量的20%以上，这意味着伊朗可以借助这一平台寻求新的市场准入机会，加强与成员国之间的经济合作，开展多边经贸交流。这些机会不仅有助于伊朗缓解西方制裁带来的经济压力，还能为其经济发展注入新的动力。特别是在能源合作方面，伊朗作为重要的能源生产国，可以借助上合组织平台，寻求成为地区重要的能源供应国，为其能源行业的发展开辟新的市场。

再次，加入上合组织为伊朗参与更广泛的全球治理提供了新的机遇。继成为上合组织正式成员国后，伊朗又于2024年1月1日成为金砖国家正式成员，这为伊朗在国际舞台上赢得更多认可创造了条件。伊朗可以在这些新兴经济体平台上开发其经济潜力，拓展与新伙伴的商业关系，深化与现有伙伴的经贸联系。这不仅有助于伊朗克服经济制裁的负面影响，还能推动其经济的恢复与发展。

最后，作为上合组织成员国，伊朗有机会强化其在地区事务中的影响力。伊朗可以成为该组织向海湾地区及西亚扩展的重要连接点，这不仅能提高伊朗在区域事务中的地位，还为其在更广泛的国际舞台上扮演更重要角色创造了条件。地区影响力的提升与伊朗的"经济外交"战略相辅相成，为其扩大经贸伙伴关系网、改善国内经济困境提供了新的途径。

（四）面对内外变动需要灵活应对多重挑战

全球秩序正经历转型与变革。伊朗加入上合组织后，面临着多重挑战，这些挑战主要源于内外环境的变化以及伊朗需要在新的身份下协调多方利益。

首先，伊朗对上合组织作用的期望与现实之间的差距。伊朗希望通过加入上合组织来缓解经济制裁压力，但上合组织内经济合作并非首要议程，其经济潜力尚未被完全开发。此外，伊核协议和国际制裁问题长期困扰着上合组织成员国关系，也是阻碍伊朗开展国际合作的主要障碍。尽管伊朗加入上合组织反映了其突破国际孤立的意愿，但能否通过这一平台有效解决面临的问题，特别是在伊核问题上取得突破，仍存在不确定性。

其次，伊朗在地区事务中的强硬立场可能阻碍其与上合组织成员国在地区议题上达成共识。为了更好地融入上合组织，伊朗需要重新审视自身定位，摆脱历史包袱，优先采用对话和协商的方式解决地区问题。同时，伊朗还需要处理好与上合组织成员国之间的关系，防止信任赤字的出现。特别是在与中亚国家的互动中，伊朗需要平衡本国对地区影响力的追求与这些国家的主权关切。在地区安全问题上，伊朗与上合组织成员国对恐怖主义、极端主义等问题的认知差异，可能影响未来在安全领域的合作。因此，伊朗需要在维护自身利益的同时，寻求与上合组织在反恐、打击跨国犯罪等领域的共同立场。

再次，国际秩序变革背景下的战略调整。尽管伊朗领导层认为未来的国际秩序将以亚洲为中心，但国内各势力对"新旧秩序"的看法存在分歧，这将影响伊朗外交政策的走向。[①] 同时，上合组织成员国致力于与国际社会和平共处，不希望发生对抗。伊朗需要在维护自身利益的同时，平衡内部诉求，维护与上合组织成员国的共识，并以更开放的态度接触国际社会。

最后，伊朗需要在新的国际环境中重新定位自身。作为上合组织成员国，伊朗需要在协调国内矛盾、调整地区政策以及处理

---

① 伊朗国内对当今世界秩序的争论大致分为四种。一是"西方秩序强盛说"，伊朗开放自由派人士主要持此观点，认为由美西方主导的世界秩序依旧保持强盛，伊朗不应将外交重点转向东方，而应继续与美西方保持全方位接触，即"向西看"战略。二是"西方秩序衰落说"，伊朗温和改革派主要持此观点，认为西方秩序正在衰落，但新的秩序尚未形成，伊朗需要适当调整外交方向，但不应将外交全盘托付东方，还应与西方保持建设性互动。三是"东方秩序崛起说"，伊朗强硬保守派主要持此观点，认为东方主导的世界秩序正强势崛起，伊朗应审时度势将外交转向东方并尽快形成对己有利的局面，即"向东看"战略。四是"伊斯兰秩序复兴说"，伊朗极端保守派主要持此观点，认为世界旧秩序正在瓦解，新的秩序正在重构，而伊斯兰秩序是世界的未来秩序，伊朗应继续保持"不要东方，不要西方"的革命外交。

国际关系等方面找到平衡点。这不仅需要伊朗展现出灵活的外交智慧，还需要其在维护国家利益的同时，履行作为上合组织成员国的义务和承诺。

总的来说，伊朗加入上合组织后面临的挑战是多方面的，既包括实际的经济和政治困境，也涉及战略定位和外交政策的调整。如何应对这些挑战，将直接影响伊朗在地区和全球舞台上的地位和影响力。这需要伊朗展现出高超的外交智慧和灵活的政策调整能力，以在复杂的国际环境中为自身谋求更大的发展空间。

四、结语

伊朗作为欧亚大陆的重要中等强国和西亚地区大国，既是具有重要战略地位的枢纽国家，又是拥有千年历史文化底蕴的文明古国，加入上合组织是其"向东看"战略的重要体现。这一举措不仅反映了伊朗对地缘政治格局变化的敏锐把握，也展现了其在复杂国际环境中寻求突破的战略智慧。作为上合组织的正式成员国，伊朗能够为上合组织的发展注入新的活力。伊朗可以运用其独特的地缘优势和丰富的外交经验，为应对地区安全、政治和经济等领域的共同挑战提供创新思路和务实方案。特别是在能源合作、互联互通以及打击跨国犯罪等方面，伊朗可以发挥其战略位置和专业经验的优势，推动上合组织在这些领域的合作深化。这不仅有助于伊朗充分展现在地区事务中的建设性作用，也将进一步增强上合组织在地区安全事务中的韧性和影响力。

伊朗的"向东看"战略并非简单的"反西方"姿态，而是一种积极应对西方压力的主动战略选择。这反映了伊朗在复杂国际环境中寻求突破的外交智慧，而非被动的无奈之举。这一战略是伊朗外交政策的重要组成部分，反映了伊朗重视与东方国家保持积极互动的决心。然而，值得注意的是，尽管推行"向东看"战略，但伊朗并未放弃与西方国家的交往。即使当前与西方关系面临诸多挑战，伊朗仍以务实理性的态度，在坚持原则立场的同时，通过灵活的外交斡旋，努力缓和与西方的紧张关系，力争营造良性互动的氛围。

伊朗通过加入上合组织来推行"向东看"战略，既是顺应地缘政治格局变化的战略调整，也是基于国家发展需要的主动选择。伊朗期望通过这一举措突破西方制裁的限制，拓展外交空间，为国家发展创造有利的外部环境。同时，伊朗也希望借助上合组织这一平台，深化与其他成员国的互利合作，实现共同繁荣。这种战略调整不仅反映了伊朗在复杂国际环境中寻求发展的智慧和决心，也展现了其在多元外交方面的努力。通过这种平衡的外交策略，伊朗力图在东西方之间找到一个适合自身发展的位置，既不完全依赖东方国家，也不彻底疏远西方世界。这种灵活的外交姿态为伊朗在国际舞台上的活动提供了更大的空间，也为其在面对复杂国际局势时提供了更多的战略选择。

未来，伊朗可借助上合组织和金砖国家等区域组织提供的平台，继续秉持多边主义理念，积极参与地区事务，与其他成员国开展广泛合作，共同应对地区安全、政治和经济等领域的挑战，为促进地区和平、稳定与发展贡献力量。同时，伊朗还可重点深化与欧亚国家的友好合作关系，拓展全方位的战略伙伴关系网络，成为推动地区一体化进程的重要力量。在哈梅内伊提出的"尊严、智慧和权宜"外交原则的指引下，伊朗将坚持务实、灵活的多元平衡外交战略。一方面，伊朗将继续重视并深化与上合组织、金砖国家等"全球南方"的战略协作，充分利用地缘优势，提升在地区事务中的话语权和影响力；另一方面，伊朗也将保持与西方国家的建设性联系，在维护国家核心利益的前提下，营造良性互动的外部环境。通过在东西方之间寻求合理平衡,伊朗可以更好地维护国家安全和发展利益。

总之,加入上合组织标志着伊朗"向东看"战略进入新的发展阶段。伊朗将继续坚定不移地推进这一战略,并将与上合组织的关系视为该战略的重要支柱之一。基于长远的国家利益考量和地缘政治现实需要,伊朗与上合组织的友好合作关系将保持强劲发展动力和稳定发展态势。然而,美国制裁的持续影响和地区地缘政治的复杂性仍是伊朗面临的挑战。伊朗需要在维护自身利益和融入区域合作之间寻找平衡,通过务实的政策和行动来充分利用这一平台,推动国家发展和地区合作。尽管加入上合组织为伊朗提供了新的外交和经济机遇,但其具体成效还需要时间来验证。

Iran's "Look East" Strategy: A Perspective from Its Accession to the Shanghai Cooperation Organization

Abstract: Iran's accession to the Shanghai Cooperation Organization (SCO) constitutes a significant measure to actively expand its diplomatic space amid a complex and volatile international environment. Faced with extreme pressure from the United States and its allies, Iran, under the leadership of Supreme Leader Ayatollah Seyyed Ali Khamenei, upholds the diplomatic principles of "dignity, wisdom, and expediency." Through pragmatic diplomatic moves, it endeavors to break through its diplomatic impasse. While firmly safeguarding national dignity and sovereignty, Iran actively pursues mutually beneficial cooperation with other countries, striving to open up new diplomatic horizons.

The process of Iran's accession to the SCO evolved from cautious evaluation to resolute promotion. Against the backdrop of profound realignments in the international system, Iran regards its accession to the SCO as a pivotal manifestation of its "Look East" strategy. As a full member state, Iran aims to leverage the SCO platform to strengthen its strategic resilience, alleviate its complex internal and external predicaments, and thus gain a greater say in regional and international affairs, opening up broader space for its national development. Looking ahead, Iran needs to carefully balance its national interests with regional cooperation within the SCO framework, and through prudent diplomatic strategies, both expand cooperation opportunities and avoid triggering new geopolitical tensions, thereby striking a balance between breaking through Western sanctions and safeguarding its strategic autonomy.

Keywords: Iranian Diplomacy; Shanghai Cooperation Organization (SCO); "Look East" Strategy

外论选译

文化外交与软实力重构:摩洛哥的证据*

内容摘要:在穆罕默德六世国王执政期间,摩洛哥经济与军事影响力迅速扩张,逐步推动了地区权力格局的变化。但是,在以硬实力为主导的发展过程中,摩洛哥政权也逐渐强化了对其软实力资源的运用。本文将阐释摩洛哥丰富的文化资本——宗教、历史和传统——如何成为改善国家对外形象的政治工具。该政权还在伊斯兰教和犹太教政策中融入文化政治和公共外交策略。通过物质和非物质文化遗产的商业化,以及对文化基础设施的大规模投资,构建新的国家品牌,并进一步巩固摩洛哥的地区和国际软实力地位。这反过来又使摩洛哥能够在一定程度上实现其外交政策目标,首要目标

---

* 原文参见 Andreas Wüst and Katharina Nicolai,"Cultural Diplomacy and the Reconfiguration of Soft Power: Evidence from Morocco", *Mediterranean Politics*, Vol. 28, No. 4, 2022, pp. 554 - 579。

就是争取西撒哈拉主权。本研究的数据主要来源于媒体分析资料和 2020 年 2 月至 2021 年 2 月进行的半结构式访谈。

关键词： 文化外交　摩洛哥　外交政策　专制主义　软实力　地区力量

作者简介： 安德烈亚斯·伍斯特（Andreas Wüst），德国拜罗伊特大学非洲研究国际研究院博士；卡塔琳娜·尼古拉（Katharina Nicolai），弗里德里希-亚历山大大学（埃尔朗根-纽伦堡）中东政治与社会系博士。

译者简介： 乔桂强，浙江外国语学院环地中海研究院副研究员。

一、引言

2020 年摩洛哥政权在外交政策方面取得了一系列突破：自 2019 年 12 月以来，20 多个非洲和中东国家在西撒哈拉的两个主要城市达赫拉或拉尤恩设立了领事馆。尽管国际社会表示反对，[1]并对专制政权侵犯人权的行为表示严重关切，但这些国家的行为事实上认可了摩洛哥对争议领土长期不可分割的主张。[2]然而，2020 年年底摩洛哥有一个政治变化，即 2020 年 12 月 10 日，在特朗普政府执政的最后几天，美国成为第一个支持摩洛哥主张的大国。特朗普政府的支持是摩洛哥漫长战略道路上的一个短暂"亮点"，摩洛哥正努力重构其外交政策路径，并按

---

[1]　A. James, "The Dispute Between Algeria and Morocco (1963-1964)", in A. James, ed. *Peacekeeping in International Politics*, UK: Palgrave Macmillan, 1990, pp. 97-99.

[2]　Y. Hasnaoui, "Morocco and the African Union: A New Chapter for Western Sahara Resolution?", *Arab Center for Research & Policy Studies*, 2017.

照其自我构想重塑地区地缘政治力量平衡。①

几十年来,摩洛哥对西撒哈拉的主权诉求使该国在周边地区及非洲大陆陷入政治孤立。为抗议非洲统一组织(现为"非洲联盟")承认阿拉伯撒哈拉民主共和国为正式成员,摩洛哥于1984年退出该组织。与邻国阿尔及利亚的长期对立进一步削弱了地区一体化的可能性和意愿。然而,自穆罕默德六世国王1999年7月登基以来,摩洛哥的地区战略和外交政策发生了重大转变。穆罕默德六世国王致力于缓和摩洛哥与非洲大陆国家的关系,推动发展与这些国家的战略伙伴关系,并拓展与法语国家和英语国家的多元合作。② 随着国内现代化改革的不断深入,摩洛哥政权对地区一体化的推动和领导力已成为穆罕默德六世国王的执政标志——尽管这些改革的目的往往在于增强专制政权的韧性,而非促进国家民主化③——这些转变在许多政策领域重复出现,包括移民④、环境可持续性⑤等,已成为摩洛哥地缘外交战略的资源。2017年1月30日,摩洛哥通过投票重返非洲联盟,非洲联盟54个成员国中39个投票通过,这使得摩洛哥与西非和其他撒哈拉以南的非洲国家建立起新型密切关系。在离开非洲联盟

---

① Y. Majdi, "Maroc-Allemagne: Les trois épisodes qui ont mené la rupture", https://telquel.ma/2021/3/2/maroc-allemagne-les-trois-episodes-qui-ont-mene-a-la-rupture_1712674? fbrefresh=6.

② Y. Abouzzohour and B. Tomé-Alonso, "Moroccan Foreign Policy After the Arab Spring: A Turn for the Islamists or Persistence of Royal Leadership?", *The Journal of North African Studies*, Vol. 24, No. 3, 2019, pp. 444-467; A. Boukhars, "Reassessing the Power of Regional Security Providers: The Case of Algeria and Morocco", *Middle Eastern Studies*, Vol. 55, No. 2, 2019, pp. 242-260.

③ S. Heydemann, "Upgrading Authoritarianism in the Arab World", https://www.brookings.edu/wp-content/uploads/2016/06/10arabworld.pdf; E. Vollmann et al. "Decentralisation as Authoritarian Upgrading? Evidence from Jordan and Morocco", *The Journal of North African Studies*, 2020, pp. 1-32.

④ S. Benjelloun, "Morocco's New Migration Policy: Between Geostrategic Interests and Incomplete Implementation", *The Journal of North African Studies*, 2021, pp. 875-892.

⑤ K. E. Nicolai, "A Green Gambit: The Development of Environmental Foreign Policy in Morocco", *The Journal of North African Studies*, 2021, pp. 1-27.

33年后，穆罕默德六世国王宣布："这是值得铭记的一天，因为我可以向我深爱的家园表达我的热爱！非洲是我的大陆，也是我的家园。"穆罕默德六世国王的发言反映了摩洛哥外交政策的新定位，即在军事合作、经济关系及外事与文化交流等领域强调其"非洲属性"。

本文旨在探讨摩洛哥外交新政策的积极作用，特别是该国在非洲大陆日益增长的影响力。本文还探讨了摩洛哥将本国打造成地区强国和可靠伙伴的雄心壮志——这是摩洛哥为争取西撒哈拉主权寻求国际支持的策略。虽然新政策在诸多政策领域都有体现，但本文的研究重点是：文化政治如何提升摩洛哥国家软实力的影响力，进而充实其战略资源。2013年，穆罕默德六世国王呼吁整合并利用文化途径实现外交政策目标，① 这是本文将重点放在文化外交上的重要原因。

本文的研究资料主要源于公开的官方文件和声明、摩洛哥政府发布的王室演说，以及对相关网络新闻文章的梳理——这些材料是确定摩洛哥文化政策焦点、绘制文化政策领域行为体图谱的重要切入点。本文研究数据的核心部分是2020年2月和3月在拉巴特、卡萨布兰卡和非斯对摩洛哥政府官员、专家和文化部门雇员进行的半结构式访谈，以及2020年3月至2021年2月因新冠疫情影响开展的线上访谈。访谈过程中通过"滚雪球"法联系到更多受访者，形成广泛的访谈对象网络。他们的观点对本研究至关重要：一方面有助于核实和扩充从媒体分析中获得的信息，另一方面能够追溯政治决策者的潜在动机，进而帮助我们理解文化软实力在摩洛哥外交政策发展战略中的重要性。

---

① King Mohammed VI, "Message du souverain à la 1ère conférence des ambassadeurs de SM le Roi", https://www.maroc.ma/fr/discours-royaux/le-souverain-adresse-un-message-la-1ere-conference-des-ambassadeurs-de-sm-le-roi.

二、摩洛哥外交政策发展背景

(一) 摩洛哥经济和军事发展的硬实力里程碑

自20世纪中期恐怖主义在北非大规模蔓延以来,摩洛哥一直将自己定位为萨赫勒地区(源于阿拉伯语,意为"海岸",指非洲撒哈拉沙漠南部边缘的地理区域)的区域安全"定盘星"——这一角色传统上由阿尔及利亚担任。① 2012 年,马里北部爆发恐怖主义动乱和图阿雷格革命,军事政变也随之而来,马里政权岌岌可危。这为摩洛哥输出其安全与发展模式打开了第一个机会之窗。摩洛哥随后响应马里政府的需求,利用其在联合国安理会的席位支持法国在萨赫勒国家的军事稳定行动,提供情报支持并为军用飞机开放领空。② 此后,摩洛哥持续倡导在政府安全部门之间开展密切的区域合作,并表现出领导意愿,例如,在重返非洲联盟后不久,就成功地将一名摩洛哥候选人推选为非洲联盟和平与安全理事会主席。③ 其参与跨国治理具有自我导向性,因为摩洛哥的稳定和安全与其南部邻国的安全局势密切相关(宗教基金与伊斯兰事务部大臣艾哈迈德·塔菲克,2015)。

摩洛哥经济发展也经历了重大转变。由于摩洛哥与阿尔及利亚之间的冲突,④ 非洲马格里布联盟内部频繁的地区交流因政治

---

① A. Barre, "Les nouveaux axes de la diplomatie marocaine", in M. Mokhefi and A. Anti, eds. *Le Maghreb et son sud: Vers des liens renouvelés*, 2012, pp. 41-58; M. Hernando de Larramendi, "Doomed Regionalism in a Redrawn Maghreb? The Changing Shape of the Rivalry Between Algeria and Morocco in the Post-2011 Era", *The Journal of North African Studies*, 2019, pp. 506-531.

② A. Barluet, "Hollande compte sur l'allié marocain au Sahel", https://www.lefigaro.fr/international/2013/04/02/01003-20130402ARTFIG00305-hollande-compte-sur-l-allie-marocain-au-sahel.php.

③ M. Pauron and N. Lamlili, "Union Africaine: Le Maroc prend place au Conseil paix et sécurité. Jeune Afrique", https://www.jeuneafrique.com/521972/politique/union-africaine-le-maroc-prend-place-au-conseil-paix-et-securite, Accessed on 02-02-2022.

④ A. Parshotam, "Regional Integration for the Arab Maghreb Union: Looking Beyond the Horizon", *Mediterranean Dialogue Series*, No.30, 2020.

僵局受阻。相反，近年来，穆罕默德六世国王出访撒哈拉以南非洲的次数逐渐增多，摩洛哥投资者在非洲大陆的经济活动也大幅增加——王室行为往往会形成的示范效应，得到摩洛哥人民特别是商界的积极响应。这一趋势在房地产、金融、保险、农业、通信、建筑和能源行业尤为明显。[1] 王室对非洲国家的访问，一方面带动了摩洛哥在非洲大陆的直接投资规模，[2] 另一方面促使尼日利亚、坦桑尼亚、埃塞俄比亚等传统上支持南部非洲发展共同体的国家，投票支持摩洛哥重返非洲联盟。[3]

以尼日利亚为例，我们还可以看到其在西撒哈拉问题上的立场转变。摩洛哥-尼日利亚天然气管道项目和计划在尼日利亚建立的化肥生产基地强化了两国的经济联系，使尼日利亚对波利萨里奥阵线的支持意愿持续弱化，尽管他们之间有着长期友好的历史。因此，尼日利亚在摩洛哥与波利萨里奥阵线的冲突中选择了相对中立的立场，更倾向于优先通过联合国框架寻求解决方案，而非支持对阿拉伯撒哈拉民主共和国有利的非洲联盟解决方案。[4] 自穆罕默德六世国王即位以来，摩洛哥始终奉行以经济激励为导向的外交战略，其中商业合作是这一战略的核心支柱。

从理论上讲，摩洛哥在经济和军事领域的外交政策和实践，旨在巩固硬实力。实力被定义为"通过影响他人行为达到自身目

---

[1] R. Berahab, "Relations Between Morocco and Sub-Saharan Africa: What is the Potential for Trade and Foreign Direct Investment?", *OCP Policy Center*, No. 4, 2017.

[2] O. Kourouma, "Mutualization of Power and Security in Africa", in A. Bassou, et al. eds. *Stability and Security in Africa: The Role of Hard and Soft Power*, OCP Policy Center for the New South Al Akhawayn University, 2019, pp. 99-122.

[3] A. Iraqi, "L'investissement direct étranger en tant que facteur géopolitique du soft power Marocain en Afrique: Réflexion interprétative", *Paix Et Securite Internationales*, No. 7, 2019, pp. 279-297.

[4] N. Kozlowski, "Maroc: Le Nigeria va-t-il revoir sa position sur le Sahara? Jeune Afrique", https://www.jeuneafrique.com/1116526/politique/maroc-le-nigeria-va-t-il-revoir-sa-position-sur-le-sahara.

标的能力",可以通过胁迫、引诱、收买或吸引等手段实现。① 硬实力通常根植于物质资源,表现为军事或经济优势。在中东和北非地缘政治格局内,摩洛哥长期以来在经济实力、区域影响力、出口竞争力及民主化进程等方面表现平平。然而,在泛非语境下,摩洛哥的地区影响范围及潜在政治影响力不容忽视,已逐渐成为非洲大陆具有影响力的区域政治和经济参与者。

(二) 超越硬实力的影响:软实力与文化外交

当以经济和军事能力为代表的硬实力受限于国家规模、人口或物质资源而难以取得突破时,软实力便成为拓展国家影响力的补充。软实力具有独有的吸引力。它是"通过议程设置、说服和积极吸引等非强制手段影响他人以获得理想结果的能力"。② 硬实力以武力、金钱、威胁、制裁或贿赂作为胁迫合作与支持的主要手段,而软实力则依赖于"一个组织或国家文化内核所承载的价值观、通过国际惯例和政策树立的榜样,以及处理国际关系的方式"。一个国家的软实力取决于其文化、价值观和政策,但前提是这些要素的吸引力、一致性、包容性和合法性得到国际社会认可。③ 在实践中,政府通过公共外交、双边外交、多边外交调动软实力资源,以获取外国政府和民众的支持。其中,双边和多边外交属于传统外交范畴,涉及官方国际行为体的直接参与,而公共外交则是"国际行为体通过非官方渠道与外国公众互动,以塑造国际环境的行动"。精准把握目标受众的喜好、公开传递外交和国内政策决策、与外国政治或公众行为体建立长期关系,是成

---

① J. S. Nye,"Get Smart Combining Hard and Soft Power", *Foreign Affairs*, Vol. 88, No. 4, 2009, p. 161.
② J. S. Nye,"Power and Foreign Policy", *Journal of Political Power*, Vol. 4, No. 1, 2011, p. 19.
③ 同①,第8页。

功开展公共外交的关键。①

事实上,公共外交还包括国家和非国家行为体采取的一系列补充性措施,包括救灾援助、奖学金项目、交流计划、军方互动、国际会议、对外广播(如通过向外国公众开放国家媒体渠道)、发展援助、宣传推广、象征性活动及驻外机构活动等。如果管理得当,这些由政治驱动的措施可以塑造国家品牌,形成全球声誉。这种声誉依托于多种因素,如国家出口商品的吸引力、对人权保护等国际准则的遵守情况、民众的热情好客特质、全球社会对其文化和遗产的评价、内外政策一致性,以及对游客、投资者和移民的吸引力。

文化外交是公共外交的核心要素,同时也是一种战略实践。文化是文化外交的核心"货币",它包括"一个社会为创造和维护集体身份而构建的一切",比如语言、宗教、历史等,这对于构建积极的对外形象或国家品牌尤为重要。② 文化外交致力于"最大限度地发挥一个国家在文化和价值观方面的软实力",以激发对象国的认同或赞赏。③ 文化外交的实践形式还包括文化馈赠(如在外国领土赞助文化活动或援建剧院等)、在海外组织文化会议、节日和展览等。此外,各国可以通过对外文化机构(如法国文化学院、歌德学院、孔子学院等)以及向对象国学生提供语言课程或创意奖学金等方式来提升文化能力,从而促进跨文化对话。国家行为体和非国家行为体利用本国文化塑造积极的对外形

---

① J. S. Nye,"Public Diplomacy and Soft Power",*The ANNALS of the American Academy of Political and Social Science*,Vol. 616,No. 1,2008,pp. 94-109.

② A. M. Wainscott,*Bureaucratizing Islam: Morocco and the War on Terror*,Cambridge: Cambridge University Press,2017,p. 27.

③ N. J. Cull,*Public Diplomacy-Foundations for Global Engagement in the Digital Age*,Cambridge: Polity Press,2019,p. 15.

象或特定国家品牌，以此影响外国公众，实现预期的政策目标。①

在本文中，我们主要关注文化外交背后的动机，并探讨摩洛哥如何将其文化资本工具化，即国家行为体和非国家行为体如何设计和构建相应的国家品牌。需要指出的是，其他国家领导人对摩洛哥态度的转变，不能简单归因于其文化外交的单方面作用。对文化外交官的访谈分析印证了这一观点，即摩洛哥的文化政策确实是该国提高国家软实力议程的组成部分。许多受访者都坦诚分享了他们在改善摩洛哥国际形象、服务摩洛哥外交政策目标方面的工作实践。

三、摩洛哥文化外交的发展

摩洛哥最初的软实力扩张和文化外交努力处于次要地位。自摩洛哥首次提出对西撒哈拉领土主权主张以来（1975 年的绿色进军），其外交政策的成功部分依赖于国际社会的支持，但主要还是依靠经济和军事手段达成目标。穆罕默德六世国王即位后，其战略开始转向软实力实践。② 然而，2013 年，摩洛哥戏剧艺术和文化动画研究所前所长艾哈迈德·马萨亚（Ahmed Massaïa）曾对国家在西撒哈拉问题上采取的安全中心主义路径表示惋惜：

> 我们国家花了很长时间才明白，文化是说服和影响他人理解我们观点的最有效途径之一。我们的民族事业［西撒哈拉］所面临的障碍之一就在于，我们依赖军事安全手段而不是文化外交来推动统一。这种路径很可能会改变我们的国家

---

① P. Van Ham, "Place Branding: The State of the Art", *The ANNALS of the American Academy of Political and Social Science*, Vol. 616, No. 1, 2008, pp. 126-149.

② S. Heydemann, "Upgrading Authoritarianism in the Arab World", https://www.brookings.edu/wp-content/uploads/2016/06/10arabworld.pdf.

形象。①

如今，摩洛哥决策者在软实力博弈中重新洗牌的意图不言自明。摩洛哥外交政策遵循王室确立的战略方向，即所有外交努力都是为了捍卫摩洛哥北部和南部的领土完整。穆罕默德六世国王多次强调摩洛哥品牌（Label Maroc）的重要性，认为摩洛哥品牌应具备以下主要特征：作为以安全和稳定著称的民主国家，对其他国家开放，忠实于本国传统和价值观，努力实现和平与法治，在国际交流中秉持公平原则，愿意开展互惠互利的国际合作（特别是在人类发展领域与全球南方国家合作）。② 他指出，合作领域应涉及旅游业、可持续发展、可再生能源等。摩洛哥作为不同文化和文明和平共处、宽容开放的国家，这一形象应成为其独特的历史资本。为了宣传这一形象，穆罕默德六世国王重点强调了对外交往的两个方面：经济外交和文化外交。作为一个承载丰富多元文化的国家，这一形象在众多政策领域均有体现，主要通过运用和凸显与文化相关的身份特征（如宗教、历史和艺术）来实现。为增强国家认同的社会基础，政府和王室做了诸多努力，比如推动文化政策改革，给予非阿拉伯族群（如阿马齐格社群）更多关注。

（一）文化外交的主力军：摩洛哥化的伊斯兰意识形态

2011年"阿拉伯之春"后，摩洛哥政治体制表现出的韧性使其政权和宗教模式的公信力有所提升。自2001年国际恐怖主义抬头以来，这种公信力便成为意识形态竞争中的重要资产，其竞

---

① A. Massaïa, *Un Désir de Culture: Essai sur l'Action Culturelle au Maroc*, Maroc: EDDIF MAROC, 2013.

② King Mohammed VI, "Message du Souverain à la Lère Conférence des Ambassadeurs de SM le Roi", https://www.maroc.ma/fr/discours-royaux/le-souverain-adresse-un-message-la-1ere-conference-des-ambassadeurs-de-sm-le-roi.

争对手（如沙特瓦哈比教义）已难以与之抗衡。① 同时，与其他阿拉伯国家一样，摩洛哥借全球反恐战争来提升自身的国际地位。② 摩洛哥的宗教外交已成为其软实力的核心资源之一，它以穆罕默德六世国王在宪法中的地位和他作为"信徒的统帅"（Amir al-Mouminine）的强大宗教权威为基础，确立摩洛哥的地区宗教领导地位，并"利用温和的伊斯兰话语构建新的经济和政治联系"。③ 这一模式使摩洛哥及其国王能够传播摩洛哥化的伊斯兰教义。在美国"9·11"事件和2003年卡萨布兰卡爆炸事件后，摩洛哥国王进一步推进其宗教愿景。这一愿景以逊尼派马立克教法学派、艾什尔里学派和苏菲主义为基础，被称为"精神安全"战略。④ 在极端主义意识形态对非洲的许多国家构成共同威胁的背景下，苏菲主义已成为抵御极端主义意识形态蔓延的堡垒。

摩洛哥与北非和西非的苏菲教派（如 Tarîqa Tijâniyya）有着悠久的历史联系，这种宗教纽带是影响这些国家和社会的重要渠道。具有摩洛哥传统的教派在这些国家非常受欢迎，并宣誓效忠穆罕默德六世国王，将其视为自己的精神权威。⑤ 在摩洛哥国内，"精神安全"模式已渗透到社会的各个层面，通过伊玛目（清真寺内率领穆斯林信众举行拜功的领拜人）、教师和精神向导（Morchidines, Morchidates）来确保官方宗教叙事的主导地位；宗

---

① S. Hmimnat, "'Spiritual Security' as a (Meta-)Political Strategy to Compete over Regional Leadership: Formation of Morocco's Transnational Religious Policy Towards Africa", *The Journal of North African Studies*, Vol. 25, No. 2, 2018, pp. 1-39.

② H. Albrecht and O. Schlumberger, "Waiting for Godot: Regime Change Without Democratization in the Middle East", *International Political Science Review*, Vol. 25, No. 4, 2004, pp. 371-392.

③ G. Tadlaoui, "Morocco's Religious Diplomacy in Africa", *FRIDE-Policy Brief*, No. 196, 2015, p. 196.

④ I. Régragui, "La Diplomatie Publique Marocaine: Une Stratégie de Marque Religieuse?", L'Harmattan, 2013, p. 5.

⑤ Y. Abourabi, *La Politique Africaine du Maroc: Identité de Rôle et Projection de Puissance*, Leiden: Brill, 2020, p. 14.

教基金与伊斯兰事务部则通过新建国家教育研究机构、宗教电视台（如 2005 年成立的 Assadissa/N°6 频道）和广播电台（如 2004 年开播的 Radio Mohammed VI du Saint Coran），在通过国内外广播管控国内宗教生活的同时，持续推广摩洛哥伊斯兰教的皇家叙事。①

2012 年马里军事政变后，摩洛哥与马里的合作成为其宗教外交的标志性事件。2013 年，新当选的马里总统易卜拉欣·凯塔（Ibrahim Keita）就职时，穆罕默德六世国王出席仪式并表示愿意为马里国家重建提供支持，尤其在修复社会道德和文化创伤方面。穆罕默德六世国王表示：

> 任何不重视文化和宗教的国际协调行动都注定失败。摩洛哥致力于为马里的物质和精神重建提供帮助，正是牢牢植根于这一理念。

此后，国王宣布在摩洛哥首都拉巴特培训 500 名马里伊玛目，并向他们传播摩洛哥长期倡导的温和、宽容的伊斯兰价值观。

为了管理外国学生并加强文化能力建设，摩洛哥宗教基金与伊斯兰事务部根据王室指示，于 2014 年成立了穆罕默德六世伊玛目培训学院，招收来自各国的希望成为伊玛目或精神向导的学生。除神学课程外，该学院还开设科学、语言、跨文化对话课程，以及一系列职业技能培训课程，如电工、裁缝等，使未来的伊玛目或传教士在履行宗教使命之余具备谋生能力。这一策略降低了他们被极端主义组织利用的风险，因为这些组织常瞄准缺乏谋生能力的青年群体进行招募。一位熟悉外国传教士和伊玛目培

---

① A. M. Wainscott, *Bureaucratizing Islam: Morocco and the War on Terror*, Cambridge: Cambridge University Press, 2017. p. 207.

训教育体系的摩洛哥官员将该计划描述为抵御"瓦哈比极端主义病毒"的"疫苗":"[我们]将为这些人接种疫苗,使他们获得免疫力,这是一种[战略],按照我们的标准、原则和宗教共识,输送训练有素的人才"。受访者称,该计划得到了多国的积极响应,非洲、亚洲和美洲许多国家的官员都向摩洛哥发出求贤令。截至2020年2月,除来自撒哈拉以南非洲国家的1715名学生外,还有37名突尼斯学生、52名法国学生、21名英国学生和6名泰国学生在拉巴特接受培训。这些学生在拉巴特学习期间,每月可获得2000迪拉姆(约200欧元)的助学金、免费食宿以及参加体育活动的机会。该计划已成为摩洛哥新国家品牌的标杆。文化能力建设与教育交流的结合是提升国家软实力吸引力的经典路径。

外国代表团正式访问摩洛哥期间,摩洛哥通过宗教培训研究所等渠道对全球反恐事业的贡献不断凸显,为摩洛哥树立了"全球反恐解决方案重要参与者"的国际形象。虽然培训计划的宗教影响难以量化,但受援国的积极反馈仍是衡量其软实力成效的重要指标。

通过为国外新建清真寺主持落成典礼,或在正式访问期间向对象国捐赠数万本《古兰经》,摩洛哥六世国王在巩固自身宗教领袖地位的同时,也为推广摩洛哥模式起到了积极作用。[①] 2016年,穆罕默德六世国王在访问坦桑尼亚首都达累斯萨拉姆(Dar es Salaam)期间,启动了一座占地7400平方米的大型清真寺建设项目,其中包括一个可容纳5000多名礼拜者的祈祷室、一个图书馆和一个会议厅。坦桑尼亚历来不赞成摩洛哥对西撒哈拉的主权主张,但已经逐步缓和了此前的强硬立场。摩洛哥六世国王

---

① S. Hmimnat,"'Spiritual Security' as a (Meta-) Political Strategy to Compete over Regional Leadership: Formation of Morocco's Transnational Religious Policy Towards Africa", *The Journal of North African Studies*, Vol. 25, No. 2, 2018, p. 1.

访问后,坦桑尼亚总统约翰·马古富利呼吁联合国为西撒哈拉问题寻求公平的解决方案,并进一步表示支持摩洛哥重新加入非洲联盟。一年后,坦桑尼亚兑现了这一承诺,投票赞成摩洛哥重返非洲联盟,与摩洛哥政府关系密切的媒体将此解读为摩洛哥宗教外交实践成功的证明。①

这一成果并非偶然。摩洛哥犹太遗产文化保护组织的一位高级职员强调,摩洛哥将撒哈拉以南非洲置于外交政策优先地位,这一决策得到国王支持,其背后的战略考量是:

> 您肯定知道20世纪90年代提出的"软实力"概念。摩洛哥是非洲最早在国际关系实践中运用文化软实力的国家之一……在此背景下,我们可以看到,在战略重心上,特别是在非洲的宗教和文化外交领域,撒哈拉以南非洲是摩洛哥战略空间的核心。……几个世纪以来,摩洛哥一直与马里和塞内加尔保持着非常良好的关系……但摩洛哥超越了原有的影响范围……如今,摩洛哥甚至在非洲东部国家(其中一些国家对摩洛哥对西撒哈拉的主权主张持反对态度)中也扩大影响力,并试图说服这些国家支持其民族事业。所有这些都是通过美丽的文化、开放的伊斯兰教及伊斯兰教马利基派来实现的,伊斯兰教马利基派以公众利益为中心,颇具灵活性,而不像其他穆斯林流派那样僵化。

(二)节日和民俗:文化遗产的商业化

在国家管控的宗教外交领域之外,摩洛哥文化外交的影响和范围在很大程度上取决于受公共资金或王室财政支持的个体行动

---

① "Tanzania Says Africa Hopeful for 'Renewed Momentum' Towards Western Sahara Resolution in UN", https://www. moroccoworldnews. com/2017/09/229357/tanzania-says-africa-hopeful-renewed-momentum-towards-western-sahara-resolution-un.

者的参与程度及其形成的网络关系，这与摩洛哥的地方品牌活动相匹配，从而提高了一个城市或地区的文化知名度，提升了摩洛哥的正面形象。在此背景下，节日已成为摩洛哥国际吸引力的重要资产。[①] 为了传播开放和宽容的形象，国家开始为当地酋长和社区组织的文化节和穆塞姆节进行投资。此外，每年一度的"世界韵律"音乐节由国际著名流行音乐明星出演，已经高度商业化。该节日得到了国王的大力支持，吸引了来自世界各地的游客，使拉巴特的旅游活动增加了30%，同期为社会创造了3000多个就业机会。[②]其他节日，如1998年在索维拉创办的"格纳瓦节和世界音乐节"，不但融合了少数民族文化，提升了这些文化的能见度，同时在节日期间为该市带来了巨大的经济收益，促进了社会发展。

"世界韵律"音乐节创办十年后，其所取得的成功和国际声誉进一步坚定了摩洛哥政府投资该节日的信心。2011年"阿拉伯之春"后，"世界韵律"音乐节还与新成立的国家人权机构合作举办了国际人权论坛，以此彰显摩洛哥向民主治理原则的转型。[③]"世界韵律"音乐节在国际上的成功还体现在国内外赞助商和合作伙伴的多样性上，其中包括CIH银行、雷诺集团、索菲特酒店和雅高酒店集团等。文化部和国家旅游局对这一年度盛事进行了广泛宣传，RFI、France 24、Euronews、TV5 MONDE等国际广电机构和法国多家广播电台也对音乐节的活动进行了全程报道。此外，通过音乐节宣传格纳瓦艺术家，强调了摩洛哥的非洲

[①] T. Belghazi, "Festivalization of Urban Space in Morocco", *Critique: Critical Middle Eastern Studies*, Vol. 15, No. 1, 2006, pp. 97–107.

[②] S. Graiouid and T. Belghazi, "Cultural Production and Cultural Patronage in Morocco: The State, the Islamists, and the Field of Culture", *Journal of African Cultural Studies*, Vol. 25, No. 3, 2013, pp. 261–274.

[③] Lahlou, Y, "Le Festival Gnaoua d'Essaouira porte des idées et des valeurs", https://www.lepoint.fr/afrique/neila-tazi-le-festival-gnaoua-d-essaouira-porte-des-idees-et-des-valeurs-14-07-2019-2324478_3826.php.

属性，此举为摩洛哥成为非洲和西方之间桥梁的愿望奠定了文化基础。

与此同时，宗教主流化也可以通过国际节庆活动来实现，如由摩洛哥王室支持的菲斯世界圣乐节（1994年创办）和菲斯苏菲文化节（2007年创办），这些节庆活动有助于向外宣传摩洛哥秉持的苏菲式宽容伊斯兰教理念。这些文化节依托宗教音乐和创造性表达形式向国内外观众进行宣传，邀请全球受众体验摩洛哥文化。[1]这些文化节得到了外国组织越来越多的支持。例如，2021年法国文化研究所成为菲斯苏菲文化节的官方合作伙伴；菲斯世界圣乐节每年邀请不同宗教领域的国际艺术家参加。2018年，联合国教科文组织执行局与菲斯精神基金会建立了正式伙伴关系并"指定菲斯世界圣乐节及其论坛为促进文明间对话的重要活动"（《菲斯世界圣乐节：主席寄语》，2021年）。

通过这种新定位和国际化措施，文化节及其民间社会组织者为摩洛哥的新国家品牌作出了贡献，并突出了摩洛哥的开放和宽容特性。获得国际企业和国际机构的支持应该可以视为国家提升文化软实力和吸引力的标志。由于文化节与摩洛哥苏菲传统和菲斯市的宗教属性密切相关，这进一步强化了摩洛哥公众的国家认同，并有助于将该市打造成"摩洛哥精神之都"。[2]因此，上述两个文化节的创始人法乌齐·斯卡利（Faouzi Skalli）认为，其创办的文化节填补了全球市场的空白。在他看来，摩洛哥的文化特性在于对其他文化和宗教的宽容和开放，像"世界圣乐节"这样的节日"在伊斯兰世界的其他国家是很难想象的"。

笔者认为，摩洛哥的文化节得到了摩洛哥政府的大力支持，

---

[1] D. A. Kapchan, "Performing the Festive Sacred in Morocco-The Promise of Sonic Translation", *American Anthropologist*, Vol. 110, No. 4, 2008, p. 478.

[2] T. Belghazi, "Festivalization of Urban Space in Morocco", *Critique: Critical Middle Eastern Studies*, Vol. 15, No. 1, 2006, p. 101.

这非常有助于展示摩洛哥政策宽容、宗教温和、社会民主的国家形象。因此，摩洛哥的国家品牌不仅整合了本国价值观，而且把欧美主流民主群体价值体系的核心话语融入其中。这是在公共外交中运用"认真倾听"产生软实力的典范——"要让他人与你达成共识……就必须了解他们是如何接收你的信息并作出相应调整的"。[①]

(三) 完善文化基础设施：摩洛哥的现代博物馆

摩洛哥王室希望将拉巴特打造成摩洛哥文化之都、享誉非洲大陆的光明之城，并为提升拉巴特的国际形象作出了巨大努力。在拉巴特文化复兴的氛围中，在推进行政首都成为非洲大陆文化中心的背景下，非洲城市和地方政府联盟将新设立的"2020年非洲文化之都"的称号授予拉巴特，这是摩洛哥文化外交的一个成功案例。在文化创新战略实施过程中，国家博物馆基金会是首批成立的机构之一，该基金会于2011年根据摩洛哥新宪法成立，由国王的文化说客迈赫迪·科特比（Mehdi Qotbi）负责。自2014年开始运作以来，该基金会负责管理摩洛哥最负盛名的博物馆，并参与了麦地那和拉巴特卡斯巴的翻新工程。

尽管预算很少，只有1亿迪拉姆（约1000万欧元），但科特比仍与巴黎卢浮宫、马赛博物馆、马德里索菲亚王妃博物馆、莫斯科普什金博物馆及北京中国国家博物馆等著名博物馆合作，举办大型展览。在拉巴特新建的穆罕默德六世现代与当代艺术博物馆（2014年开馆）举办的展览展出了贾科梅蒂、凯撒、毕加索、德拉克洛瓦等著名艺术家的作品。它还专门举办了关于摩洛哥中世纪历史的大型展览，在那个时代，摩洛哥的疆界深入非洲大陆，并在"当代非洲"博览会期间展出了当代非洲艺术作品，再

---

① J. S. Nye, "Public Diplomacy and Soft Power", *The ANNALS of the American Academy of Political and Social Science*, Vol. 616, No. 1, p. 103.

次强调了摩洛哥面向非洲大陆的新方向。当被问及如何看待展览在摩洛哥文化外交中的影响时,科特比解释道:

> 1981年,弗朗索瓦·密特朗的一句话深深地打动了我。他说:"我出国访问之前,一定会有展览或文化活动打前站。这样,我首先会被更多人知道,也会被更多人接受。"他明白,任何政治行动要想真正起作用,都需要借力文化行动……中世纪摩洛哥和当代摩洛哥展览……也引起了极大的反响,参观者超过17万人,他们得以从中了解摩洛哥及其丰富的历史。文化外交的核心在于得到国际社会的认可和重视。当你拥有丰富的文化时,你就会得到更高程度的重视。①

对科特比来说,国王决定将专业博物馆置于一个独立于政府之外的机构是一个战略选择,也向摩洛哥人和全世界展示了一个选择"开放、和平、宽容和人类发展"之路的王国。因此,对科特比来说,文化外交是通过提高摩洛哥的文化吸引力来施加国际影响的一种手段。在加强与欧洲联系的同时,摩洛哥也持续巩固其在非洲的战略地位,这使得摩洛哥、科特比和他的基金会能够开展特殊的文化外交,在重构与欧洲和非洲国家之间国际关系的过程中发挥着"倍增器"和桥梁的双重作用:

> 事实上,在穆罕默德六世国王陛下即位之前,文化从未进入外交视野。穆罕默德六世国王陛下热爱艺术,他通过购买艺术品来鼓励艺术家,他催生了我们今天所说的"收藏家的艺术动力"……国王陛下鼓励各部委和摩洛哥企业购买艺

---

① Y. Majdi,"Les Plans de Mehdi Qotbi pour Faire de Rabat une Capitale de la Culture",https://telquel.ma/2017/03/14/mehdi-qotbi-action-politique-besoin-dune-action-culturelle_1539145.

术品……因此，他确实是第一位给艺术家和文化领域带来活力和希望的领导者。今天——我可以告诉你们，这是官方信息，我并无隐瞒——我会见了法国外交参赞，他们告诉我，他们得到指示，不仅要把一切都放在贸易和商业的领域，而且还要关注文化层面，促进文化交流。我认为，这也是法国开发署与我们展开讨论的原因，目的是在他们的财政支持下，吸引非洲博物馆专业人员到摩洛哥接受培训。他们选择这样做是因为……他们明白，身为非洲人的摩洛哥人懂得如何与其他非洲国家民众交流。

2020年11月9日，摩洛哥-法国合作项目的提议成为现实，法国开发署与科特比负责的国家博物馆基金会签署了一项价值30万欧元的协议，资助在摩洛哥本土为博物馆和非洲文化遗产领域专业人员开展"泛非洲培训计划"。摩洛哥文化外交努力的一个显著成果是，法国选择了经验不足的摩洛哥民族运动基金会作为合作伙伴，开展为期18个月的泛非洲博物馆学培训计划。

正如科特比在拉巴特商学院的一次演讲中所说，这些努力是利用摩洛哥文化资本服务国家发展愿景的组成部分：

今天，得益于穆罕默德六世国王陛下，我们拥有了充足的信心和良好的国际形象。我们身份的多元特性可以成为发展的载体。在瞬息万变的世界中，文化当然是发展的载体和财富的源泉。穆罕默德六世国王陛下将文化和艺术作为发展的杠杆，赋予它们应有的地位。他还在多次讲话中敦促外交界所有参与者融入新的软实力规则，从而形成真正的文化外交——这是一种具有明确和一致影响力的全球外交战略，王国多年来一直在巩固这一战略。

这篇演讲涉及的内容有：摩洛哥外交地域范围、兼具无形性与永续性特征的文化在摩洛哥未来发展中所起到的重要作用，以及穆罕默德六世国王在这一项目中发挥的突出作用，即软实力资源的开发应该得到最高政治权威的认可。

尽管科特比对制定"具有明确和一致影响力的全球外交战略"充满信心，但本文与伊拉齐和雷格拉吉的批判观点一致，即摩洛哥在推动国家品牌主流化的过程中，不同政治和社会行为体之间缺乏协调。① 除个别亮点之外，没有证据表明摩洛哥在宗教、节日、文化遗产或博物馆学领域的协调方面作了努力。费尔南德斯·莫利纳（Fernandez-Molina）认为，摩洛哥外交政策的口号，如"经济外交""先进地位""超越联合，免于加入""新非洲政策"，不过是"空洞的符号……大多数国内行动者不加批判地鹦鹉学舌，其中一些人甚至声称这些口号是自己提出来的"。②这不是摩洛哥政府独自面临的品牌建设问题，其他致力于打造摩洛哥国家品牌的行动者也意识到了这一问题，但尚未找到解决方案。2013年，雷格拉吉撰文称，摩洛哥品牌建设工作之所以肤浅，是因为专制管理传统占主导地位所导致的结构性限制，这使独立于君主制、独立于部委间协议、不参与国家深层利益的创意内容的发展受到了阻碍。卡伊西指出，这种缺乏一致性的情况最终可能会危及摩洛哥的软实力建设，进而影响其两大目标的实现，即国际社会承认摩洛哥对西撒哈拉的主权和国际社会接受摩洛哥为地区或非洲大陆强国。

---

① A. Iraqi,"Étude des composantes élémentaires du 'Marketing Pays' du Maroc en Afrique", https://hal.archives-ouvertes.fr/hal-02377134/document.

② I. Fernandez-Molina, *Moroccan Foreign Policy Under Mohammed VI, 1999–2014*, London: Routledge, 2016, p. 215.

四、结论

针对非洲大陆情况，摩洛哥在社会经济方面作了明显调整，努力在政治、军事和经济领域重新融入该地区，这无疑已经在摩洛哥外交政策中取得了丰硕成果，尤其是在寻求对西撒哈拉的主权方面。除了利用外交硬实力，摩洛哥政府还战略性地利用了其丰富的文化资本——宗教、历史和传统——来改善对外形象，提升影响力。在非洲内外，摩洛哥利用伊斯兰文化政治和公共外交措施，通过非物质文化遗产的商业化和对文化基础设施的大规模投资（最突出的是摩洛哥的博物馆景观），进一步塑造其国家品牌，彰显国家软实力。尽管摩洛哥通过文化资本工具化来改善软实力生产过程中的不协调问题，但不可否认的是，摩洛哥高端文化外交活动是自上而下推动与战略推广的共同产物——这在许多访谈中得到反复印证。

本文揭示了摩洛哥当前外交政策发展轨迹中一个较为隐蔽的环节，有助于理解其国家软实力的动态演变。通过对摩洛哥的案例研究，本文详细探讨了一个国际地缘政治"能见度"相对有限的国家如何利用其宗教、历史与传统等非物质资源来拓展其外交政策的影响力。时至今日——尤其是在发展中国家——文化外交的潜力一直被低估。对一些国家而言，文化政策经常被视为政治附属品，而非外交政策中具有高度影响力的领域。软实力行动通常被视为硬实力行动的补充力量。这与穆罕默德六世国王和摩洛哥文化部门的努力形成了对比，他们致力于发展文化政策，其目的不仅在于促进旅游业发展，更旨在构建国内身份认同，树立良好国际形象。摩洛哥案例表明，在一个物质资源有限的国家，要实现具有争议性的外交目标，文化外交作为软实力的核心资源应得到充分重视。在文化外交的积极推动下，非洲大陆许多国家的政府与摩洛哥的关系更加深化,而摩洛哥对外国投资者的文化吸引力似乎也在增加。

理解软实力扩张背后的动机尤为重要。就摩洛哥而言,这一行动逻辑具有合理性:服务于摩洛哥争取西撒哈拉主权的外交政策目标。采取硬实力行动往往需要付出高昂的经济代价(例如,西撒哈拉问题若引发冲突升级可能导致摩洛哥与德国和西班牙的长期伙伴关系破裂),而利用软实力影响非洲主要国家则带来了更快、更有利的成效。摩洛哥政府和非国家行为体成功地运用"认真倾听"策略来确定他国的需求和优先事项,并作出针对性回应。事实上,摩洛哥的软实力建设已初见成效:2021年,摩洛哥首次跻身全球软实力指数排名,在100个国家中位列第48位。[①] 如果摩洛哥希望实现对西撒哈拉的主权诉求,成为非洲和欧洲国家关系的枢纽,这一目标的实现还将取决于摩洛哥政府未来能否更有目的性地协调与软实力发展相关的各类行为体,并将其系统纳入国家品牌建设的整体框架。

Cultural Diplomacy and the Reconfiguration of Soft Power: Evidence from Morocco

Abstract:During the reign of King Mohammed VI, Morocco experienced a rapid expansion in regional economic and military ties that have given a gradual impetus to a shift in regional power constellations. But in the shadow of this hard power trajectory, the Moroccan regime is increasingly capitalizing on its soft power resources as well. In this paper, we demonstrate how the kingdom's considerable cultural capital-a-

---

① Brand Finance,"Global Soft Power Index 2021", https://brandirectory.com/softpower.

rising from religion, historicity, and tradition-has become a political instrument to improve the country's outward image. The regime inter alia employs cultural politics and public diplomacy measures in Islamic and Jewish religious policy, through the commercialization of material and immaterial cultural heritage and through the massive investment into cultural infrastructure to construct a new nation brand and subsequentially solidify Morocco's regional and international soft power standing. This, in turn, has enabled Morocco to more successfully pursue its foreign policy goals, first and foremost its quest to gain sovereignty over the Western Sahara. The research is based on media analysis and original data from semi-structured interviews conducted between February 2020 and February 2021.

Keywords: Cultural Diplomacy; Morocco; Foreign Policy; Authoritarianism; Soft Power; Regional Power

17—18世纪地中海与大西洋间的人员流动、网络建设和空间联系*

内容摘要：本文探讨了17—18世纪在西班牙绝对君主制背景下的人员流动及其在地缘政治空间建设中的作用。通过两个具体案例研究展示跨国职业和流动性如何在创建互联地缘政治空间方面发挥关键作用，并分析了个人经验在这一过程中所扮演的角色。

关键词：西班牙　绝对君主制　人员流动　行动者理论　案例研究

作者简介：瓦伦蒂娜·法巴罗（Valentina Favarò），意大利巴勒莫大学现代早期史副教授。

译者简介：刘冬，浙江外国语学院环地中

---

* 原文参见 Valentina Favarò, "Movilidad de Hombres, Construcción de Redes y Conexión de Espacios Entre el Mediterráneo y el Atlántico en los Siglos XVII-XVIII", in J. J. Iglesias Rodríguez, J. M. García Bernal and I. M. Melero Muñoz eds. *En torno a la Primera Globalización*：*Circulaciones y Conexiones Entre el Atlántico y el Mediterráneo（1492-1824）*,Sevilla：Editorial de la Universidad de Sevilla, 2022, pp. 285-300。

海研究院助理研究员。

一、引言：西班牙君主制下的空间与人员及意大利史学

自 19 世纪末以来，意大利史学界始终关注现代早期（15—18 世纪）西班牙君主制的政治、社会和经济研究。通过对统一进程前几个世纪的反思，特别是对阻碍民族国家建立的动机方面的反思，在坚持历史线性进步观的研究中，研究者经常强调 15—18 世纪两个地中海半岛间关系的属性。

早期研究主要集中于西班牙对意大利的殖民统治，特别是继《卡托-康布雷西和约》（Peace of Cateau-Cambrésis，1559 年）签订之后的统治，以及意大利半岛沦为被动的边缘地区，被迫接受君主及其亲信制定的统治政策。

这种史学趋势受强烈的民族主义推动，形成了众所周知的"黑色传说"范式。长期以来，关于现代早期的研究均围绕这一范式展开。因此，直到 20 世纪中期，意大利史学家们对西班牙王国性质和运作的研究，仍受到一种学术传统的深刻影响——这一传统是建立在如下观念之上：马德里与各省份之间的关系类似于政治与文化模式的单向传递，而王国领地，尤其是意大利半岛上的领地，只负责输送人力、物资和财政资源。

20 世纪末逐渐兴起的史学复兴成功地还原了历史现象固有的复杂性，这种复杂性是"颁布法令的中心和多个执行命令的边缘"这类单一且僵化的视角无法解释的。

对西班牙王国不同区域之间以及这些区域与外部政治力量之间关系重建的研究，如果以意大利半岛为背景，考察教皇国、热那亚共和国和威尼斯共和国，以及关注竞争中地方权力的持续性（从议会、法院到行业组织），则有助于修正之前所制定的框架，

并理解哈布斯堡王朝统治时期西班牙王国政治演变（从巩固到衰落）的动力和因素。

20 世纪 90 年代开始大量涌现的重要研究，尤其是方法论方面的研究因此与之前的史学传统存在断裂，新的研究改变了视角并开辟了新的研究路径，能够将政治与文化、社会与宗教维度联系起来。此外，若说此前对政府政治结构和实践的研究仍以目的论为框架进行，即围绕加强现代集权国家的范式展开，那么在接下来的几年里，研究更加重视捕捉不同之处，而不是相同之处，并且更加重视所谓的边缘地区的特殊性。这些边缘地区的政治辩证法和协商能力得到了认可。政治辩证法时而被用于维护特权和身份认同，协商能力则被用来维持在共同治理实践中被视为关键的平衡。

这种新的方法论取向催生了新的研究领域，其基本假设是有必要研究西班牙王国的帝国维度：地中海和大西洋的历史不再被视为两个分开的领域，而需要进行整体的分析，以实现现象、人员和机构间的关联。

不同空间、机构和政治传统之间的联系可以有多种不同的解释，但实践中的协商机制被认为是最有效的方法之一。现代早期史学研究更多地关注实力对比、作为权力传递工具的庇护关系网络的运作，以及司法冲突等最基本的运因。然而，协商实践所揭示的跨领域利益的多元性、中央集权诉求与多中心结构的关系及其作为异质机构空间和群体连接纽带的功能，长期为该时期的史学界所忽视。

在这些广泛的研究领域中，聚焦个体经验的可能性使不同层面的思考交织在一起，进而得出颇具启发性的结论。

基于前述内容，只有采用兼顾王权多中心维度、将协商视为维持政治空间多元性的关键并重视个体行动者路径重要性的史学方法，我们才能理解跨国行动的意义。①

正如笔者将在本文中尝试解释的那样，面对"史学的断裂"，地方层面王权代表者的生平虽被重建，却被塑造成静态的形象——其担任特定职位前后的经历存在深刻的联系，却未得到足够的重视，他们在不同阶段的生平被视为如同平行线一样孤立、割裂且单一的事件。

二、从制度到行动者：地中海与大西洋间政治人物的生平和职业行动

过去几十年间，意大利史学界逐渐弥补了与英语世界、法语世界和西班牙语世界史学研究的差距。首先，通过新的跨国视角突破了精英阶层研究的局限，传统视角几乎完全局限于地方现实，将其视为家庭与领土二元结构的体现，在这个二元结构中，政治权力得以运作，权力演变和衰落的研究在这个二元关系中进行。其次，研究领域的拓展（涵盖政治、机构和地理领域）以及对这些领域中行动者的关注，使我们能够思考个体和群体之间的互动、私人和公共利益的重叠或分歧，以及在多重地缘政治和宗教背景下形成的关系网络。其结果是一个崭新研究方向的诞生——既不局限于一个特定的空间维度，也不赋予流动和循环范式内在价值，而是将其与特定时空下获得的经验相结合进行解读。最后，流动性成为个人荣誉经历的历时性分析维度，是解释个人知识和智慧的关键，成为在行动者定居的情境中连接经历和成熟历程的关键要素。

关系网络——包括家族关系、庇护关系和赞助关系，关系的

---

① Pedro Cardim, et al. eds. *Polycentric Monarchies. How did Early Modern Spain and Portugal Achieve and Maintain a Global Hegemony*? Eastbourne: Sussex University Press, 2012.

内部属性（对称或不对称）、婚姻联盟和策略、代际传承及社会和文化根基——至关重要。从全球的视角看，家族关系被看作是一种国际化的支持网络。①

从这个角度来看，对跨国行动的重建不仅提供了纯粹的传记资料，还可以揭示王国大臣之间多重利益的互动程度，这些大臣在行动中既回应个人和家庭的需求和愿望，又作为君主的代表成为王权的表达。②

围绕这个新的史学范式产生了许多问题。第一个问题是关于与"多中心"流动性相关的职业，表现为一种横向流通，并非单一方向，而是从中心（马德里）流动到王国各地。③ 基于这一假设，流动性变得有助于超越传统的"中心—边缘"范式，将个体行动者的经验与地方社区中层权力、中央权力的连接，看作经过持续交流和互动塑造并明确其功能的重要路径而非平行的路径。第二个问题涉及跨国职业构建中的期望、愿景及策略。这意味着在考察荣誉经历时，除了关注物质财产的积累之外，还要关注非物质资产，如荣誉、声望和认可，并关注所谓"社会资本"增强的可能性。④ 也就是说，要重视这些关系和经验的沉淀及记忆的积累，它们连接了起点、中间阶段和最终目标。

在这一背景下，近几十年来，将西班牙王国视为多领土和多中心政治实体的概念，有助于凸显（人员、模式、思想、物品和

---

① Giuseppe Cirillo, "L'Europa tra Asburgo e Borbone: Il ruolo delle élites transnazionali nella sperimentazione delle forme di governo", *Nuova Rivista Storica*, Vol. 104, No. 2, 2020, pp. 771-784.

② Gaetano Sabatini, *Comprendere le Monarchie Iberiche. Risorse Materiali e Rappresentazioni del Potere*, Roma: Viella, 2010; Oscar Mazín Gómez and José Javier Ruiz Ibañez, *Las Indias Occidentales, Procesos de incorporación territorial a las Monarquías Ibéricas*, Città del Messico: El Colegio de México, 2012.

③ Zacarias Moutoukias, "Des Liens Sociaux à l'Ordre Politique: Réflexions pour une Approche Relationnelle des Institutions", *Caravelle*, No. 101, 2013, pp. 111-132.

④ Pierre Bourdieu, *Le Strutture Sociali Dell'economia*, Trieste: Asterios, 2004.

概念的）流通在理解社会、文化和政治建构机制中的关键作用。① 因此，王国内人员和商品流通的重要性一直是许多学者研究的对象。② 他们致力于分析对政治、宗教、商业等不同领域中的流动性。③

尽管对家乡的意识联结（特别是在农村地区）普遍模糊，但我们仍然可以断言，在不同层面上，人员在王国众多地区间的流动堪称一根红线，能够将因传统和习俗差异而疏离的政治空间紧密联系在一起。④

这种联结体现在两个层面：第一个层面与"制度"有关：包括法官、律师、官员、军事长官、总督和地方长官，他们可能成为利益、能力、知识、信息的中介者。⑤ 西班牙哈布斯堡王朝的历史实际上以人员的跨国流动为显著特征，这些流动虽始于并终于伊比利亚半岛疆域内，却在意大利半岛、佛兰德和新大陆的王

---

① 在一篇题为《从后国家史学理解一个多中心君主制国家。伊比利亚君主制国家国界研究中的挑战与现实》的研究中，何塞·哈维尔·鲁伊斯·伊瓦内斯（José Javier Ruiz Ibáñez）指出："自1990年以来，在关于国家历史的讨论基础上，人们对如何研究西班牙君主制及其领土构架进行了日益深入的思考。因此，在接下来的十年中，至少从三个角度上，有必要超越（基于纯粹的科学过时性）国家视角：君主制国家作为流动空间的历史，君主制国家建构与侵犯形式及其对其他领土领域的影响的历史，以及从自身实际出发建构君主制国家的历史。"

② 这些思考的一个参考点是吉恩·保罗·祖尼加（Jean-Paul Zúñiga）进行的研究，他致力于证明人员流动如何成为构建和维护"帝国体系"及确认西班牙君主制全球化的最重要因素之一。

③ 尽管存在复杂的领土结构和遥远的地理距离，构成西班牙君主制国家的诸多"空间"在人员流动中找到了它们之间的连接，从孤立的空间变为相互联系的空间。显然，这里参考的是桑杰·苏布拉曼亚姆（Sanjay Subrahmanyam）提出的建议，以及《互通的历史》（*Connected History*）这本书中的思考，它们自20世纪90年代以来一直在推动史学的讨论。有关地中海和大西洋之间网络的建立，详见克里维利（Crivelli）和萨巴蒂尼（Sabatini）2015年的研究。

④ 纪尧姆·戈丹（Guillaume Gaudin）揭示："不仅仅正如吉恩·保罗·祖尼加所证明的，帝国是家族流通或繁荣的媒介，而且这个制度是其行政体制建立的一个基本要素[……] 它是一种经验的积累，同时也是对皇室的忠诚，毫无疑问，也包括错误和占有行为。"

⑤ 参见 Yuen-Gen Liang, *Family and Empire: The Fernández de Córdoba and the Spanish Realm*, Filadelfia: University of Pennsylvania Press, 2011; A. Musi, *L'Impero dei Viceré*, Bolonia: Il Mulino, 2013。

国间得以"实践"。① 相反,第二个层面与军人、中介者、商人等群体的流动有关,这种更广泛的流动性能够联结非"制度化"却同样重要的经验。

这一观察能够达到双重目标:一方面,摆脱"同质化"陷阱和预设的在王国各个环境中都适用的政治和文化模式;另一方面,促成特殊性的解释与对话,试图突出向心和离心的力量。② 最终,在流动性的视角下,微观世界和宏观世界、地方维度和全球维度不再彼此隔绝,而是通过不断的渗透性互动相互联系。

三、案例研究

(一)连接新旧大陆的乔瓦尼·文琴佐·卡萨利——那不勒斯、马德里、里斯本

在过去几年里,笔者致力于研究并重建那些为维护和巩固王国作出贡献的人们的经历,这些经历发生在不同地域,涉及流动和常驻,并由此构建了正式和非正式的关系网络,这些关系网络不仅在特定地方至关重要,而且是获得其他职务的前提。为阐明这一观点,本文将选取两个案例,案例的主角在职务、职业、出身和经历等方面各不相同。笔者认为,这可能是一次有趣的尝试,用以揭示流动、巩固、常驻与再流动这些现象之间复杂的关联。

第一个案例相对鲜为人知,但正因如此,我认为它更加有趣。这是关于佛罗伦萨圣母会修士乔瓦尼·文琴佐·卡萨利(Giovanni Vincenzo Casali)的案例。16世纪下半叶,他在托斯卡

---

① Anne Dubet and José Javier Ruiz Ibáñez, eds. *Las monarquías española y francesa (siglos XVI-XVIII): ¿Dos modelos políticos?*, Madrid: Casa de Velázquez, 2010.

② Christian De Vito, "Verso una microstoria translocale (Micro-Spatial History)", *Quaderni Storici*, No. 3, 2015, pp. 815-833.

纳、教皇国和法国学习建筑和水利工程，后被菲利普二世任命为"军事建筑师"，在那不勒斯、马德里和里斯本担任这一职务。①

卡萨利与乔凡尼·安杰洛·蒙托尔索利（Giovanni Angelo Montorsoli，米开朗基罗的弟子）的关系在16世纪末17世纪初得到巩固。此外，卡萨利还获选加入乔尔乔·瓦萨里（Giorgio Vasari）创办的绘画学院。特别是在美第奇家族的委托下，卡萨利跻身以艺术为权力象征的社交圈。他参加了佛罗伦萨家族弗朗西斯科一世和奥地利的胡安娜（Juana de Austria）的婚礼，并与费迪南多·德·美第奇（Ferdinando de Medici）建立联系——这是强化他在罗马和那不勒斯宫廷的参与度的最重要因素。美第奇曾委托他修复阿尔平奇奥别墅（la Villa al Pincio）的一些古代墓碑雕像。② 然而，从政治角度来看，卡萨利与红衣主教安东尼奥·佩伦诺·德·格兰韦勒（Antonio Perrenot de Granvelle）的相遇为他开辟了新的且意想不到的前景，这位红衣主教当时在罗马担任神圣学院财政主管。③

在王国背景下，这位修士能够参与军事建筑工程，需要强调以下这些基本要素：第一，16世纪70年代至80年代，他建立了哪些关系网络以融入那不勒斯总督的信任圈；第二，将雕塑家的经验及水利工程方面的知识应用于军事领域的能力；第三，在修复葡萄牙沿海堡垒的任务中，他与蒂布尔齐奥·斯潘诺基（Tiburzio Spannocchi）等重要的建筑师保持了密切合作。因此，关键不是强调这位修士身份流动性的重要性——尽管这无疑具有

---

① Valentina Favarò,"Religiosi e'geometrie dell,impero'. Teorie e pratiche fortificatorie tra Mediterraneo e Atlantico", *Dimensioni e Problemi della Ricerca Storica*, No. 1, 2018, pp. 119-140.

② Orietta Lanzarini,"Il codice cinquecentesco di Giovanni Vincenzo Casale e i suoi autori", *Annali di architettura*, No. 10-11, 2000, pp. 183-202.

③ Marco Legnani, *Antonio Perrenot de Granvelle. Politica e diplomazia al servizio dell'impero spagnolo（1517-1586）*, Milano: Unicopli, 2013; Oronzo Brunetti,"Disegni di architetture militari del Viceregno di Napoli dalla raccolta del Cardinale Antonio Perrenot de Granvelle（1517-1586）", *Kronos Dipartimento dei Beni delle Arti e della Storia-Universita di Lecce*, No. 11, 2007, pp. 3-21.

研究价值，并且对于支持人员流动（知识、理论、模型等流动）的论点非常有用——更重要的是卡萨利与当地社会代表在不同层面建立联系的能力，一般来说这也是担任各类政治、行政或技术职务的人普遍具备的核心能力。

重建这类流动性可依据哪些史料？重建杰出人物的职业生涯或传记或许相对容易，这要归功于不同类型史料间的互证，包括家族档案及任职期间产生的资料。而一般人员的信息获取难度更大，但可以通过查询通常用于其他目的的一般文件发掘线索。笔者在1584年那不勒斯王国全面视察期间产生的信件中找到了一些有用的信息——在这次全面视察中，卡萨利涉嫌欺诈。①

这次视察的目的是核实这位修士是否从特定人员那里受本应用于造船厂建设却挪作私用的材料，以及是否收受礼物（多为食物）以换取可能损害王国利益的偏袒。因此，若始终留意史料的特殊性以及指控和辩护的辩证关系，可以重建卡萨利与各阶层人士（而不仅是权力代表）的关系网络。

实际上，古斯曼的视察并没有厘清卡萨利的行为，反而揭示了这位修士在不同层面融入当地社会的策略。卡萨利获得总督——至少是格兰韦拉（Granvela）和孟德哈尔（Mondéjar）——的支持，并拥有一张或许因为利益和庇护关系而强化的友谊网络，这些人愿意在日常事务管理中支持他。此外，他获得了苏尔莫纳亲王奥拉修斯·兰诺伊（Horacio Lannoy）的庇护，兰诺伊协助卡萨利与圣母仆人会（Orden de los Siervos de Maria）的保护者红衣主教亚历山大·法尔内西奥（Alejandro Farnesio）和副院长红衣主教朱利奥·安东尼奥·桑托里·德·桑塔塞韦里纳（Giulio Antonio Santori de Santaseverina）协商留驻王国的授权，这被

---

① Vicencio Casali, *Defensiones de fray Vicencio Casali engeniero del tarcianal*, Valladolid: Archivo General de Simancas, Visitas de Italia, leg. 43, ff. 14 e ss.

认为是一种重要的协商方式。

16世纪80年代初的史料证明，他曾住在孟德哈尔总督的官邸。在总督府的出现及与王国上层贵族关系的维系成为卡萨利策略的另一个组成部分——通过这些关系，他得以经常出入国王位于埃斯科里亚尔的新皇宫。在奥苏纳公爵（Duque de Osuna）卸任前，卡萨利有机会跟随他参与为国王修建圣埃尔莫城堡的新项目。16世纪80年代末在西班牙期间，他与钦琼伯爵三世、国务委员会成员迭戈·费尔南德斯·德·卡布雷拉和博巴迪利亚（don Diego Fernández de Cabrera y Boadilla）建立了联系——钦琼伯爵委托他审查奥顿维利亚维西奥萨城堡的结构；他还与军事委员会成员、曾在低地国家（现荷兰、比利时等）参加过战斗的老兵阿隆索·德·瓦尔加斯（Alonso de Vargas）建立了联系。正是在后者的推荐下，卡萨利被选中负责重建葡萄牙里斯本周边的堡垒工事。

这一阶层上升的经历再次验证了流动性和当地经验的重要性。卡萨利在马德里的逗留和被指派审查葡萄牙海岸防御工事的任务，正好发生在两个王国合并后，即16世纪80年代，当时加固大西洋沿岸防御工事的需求紧迫，特别是为了防止英国舰队可能的登陆。①

葡萄牙海岸"现代化加固"所采用的模型主要源自地中海地区。正是由于卡萨利这样的人的流动，不同地域的军事模型才实现了统一，这种统一不是由集中的权力或成熟的君主战略造就的，而是如笔者所说的"横向"的人员和经验的流动和交流促

---

① Guerra y Marina, Valladolid: Archivo General de Simancas, leg. 547, f. 1163; leg. 398 ff. 48, 53, 149, 207. 关于人员流动在政府工具"认证"过程中的重要性，参见 A. Musi, *La catena di comando: Re e viceré nel sistema imperiale spagnolo*, Roma: Società Editrice Dante Alighieri, 2017。

成的。①

　　工程师的旅行是模型传播的方式之一，尽管有军事工程手册，但实践经验决定了军事建筑师的卓越性，而这些经验只能靠建筑师亲授传承。② 许多案例都非常有名，例如，鲍蒂斯塔·安东内利（Bautista Antonelli）在 1585 年受命制定墨西哥湾和加勒比海地区综合防御计划，以应对西班牙王国与英格兰、荷兰和法国的冲突。为此，他在 1586—1608 年间进行了三次旅行。在此期间，他设计并监督了该地区防御工事的建设，包括哈瓦那、韦拉克鲁斯（圣胡安·德·乌鲁瓦）、印第安纳的卡塔赫纳、波多贝洛、恰格雷斯、巴拿马和洪都拉斯等地的工事。另一个案例是克里斯托瓦尔·德·罗哈斯（Cristóbal de Rojas），他是一名军事工程师，于 16 世纪下半叶在伊比利亚半岛和北非海岸开展工作。1586 年，他在塞维利亚认识了参与加的斯和直布罗陀防御工程的蒂布尔齐奥·斯潘诺基，之后他在帕姆普洛纳、加的斯、里斯本和安达卢西亚海岸地区开展工作。在这方面还有一个特别有趣的案例，一名投靠了土耳其人的工程师根据天主教防御工事原则为土耳其人建造了堡垒，就像在 1567—1568 年间为土耳其人在阿尔及尔建造了一座星形堡垒的奥斯曼一样，他是一名否认曾在拉戈莱塔工作的意大利工程师。因此，模型的交流和流通不仅限于西欧，并且针对土耳其防御工事的比较研究非常有趣，比如比泽

---

① Fondo Aparici, Madrid: Archivo Histórico Militar de Madrid, Vol. VI, cc. 312 e ss.
② 此外，研究一系列军官的职业生涯使得我们能够——正如多明戈·森特内罗·德·阿尔塞在他的作品《一个弱连接的君主制？》中所强调的——思考与战争和王国内部服务理念传播有关的一些有趣元素。这些例子不胜枚举，展示了一种在君主制王国服务人员中非常普遍的流动性。森特内罗·德·阿尔塞指出了像阿隆索·冈萨雷斯·德·纳赫拉（Alonso González de Nájera）这样的人，他曾在佛兰德斯参战，后回到卡斯蒂利亚，又前往智利，然后再次返回卡斯蒂利亚，并担任民兵大队长，最终获得了在赫尔库莱斯港的城堡长官职位。还有弗朗西斯科·莫利纳·索托（Francisco Molina Soto），他出生在穆拉，早早就加入了军队，先担任步兵监察官，后在 1590 年改革中担任民兵组织负责人。由于工作原因，他曾经穿越整个莱凡特海岸，从加泰罗尼亚一直到安达卢西亚。

尔塔的星形工事与城市的相对位置，可与佩德罗·路易斯·埃斯克里瓦（Pedro Luis Escrivá）建造的那不勒斯的圣特尔莫堡联系起来。

在人员流动的背后，显而易见的是王国大臣们根据地理位置、征兵能力和财政贡献等多重因素，赋予每个领土不同的防御职责。同样不可否认的是，这类职能处于动态演变之中，因而要求君主代表具备重新定义与地方权力代表特别是封建贵族辩证关系的能力。因此，在这个不断重新定义角色和实践的过程中，王国内部的人员流动很明显并没有促成防御模型的完全流通，而是由君主国防御需求的诠释者根据统治特点来塑造。

（二）卡米内·尼科拉·卡拉乔洛——意大利、西班牙、秘鲁

如果我们观察更高级别的流动，包括作为国王代表的副王和总督，也可以讨论同样的问题。笔者给出的第二个案例是卡米内·尼科拉·卡拉乔洛（Carmine Nicola Caracciolo），他是那不勒斯贵族桑托布奥诺亲王（Príncipe de Santobuono），曾在1716—1721年间担任秘鲁副王。[1]

作为那不勒斯王国最重要的贵族世家之一的成员，卡拉乔洛在西班牙王位继承战期间担任驻梵蒂冈和威尼斯共和国大使，是第一个被任命为安第斯副王的意大利人。在菲利普五世统治时期，将职务和荣誉授予意大利半岛精英是犒赏效忠者的最重要手段之一。这些职务和荣誉此前只授予少数卡斯蒂利亚贵族。因此，卡拉乔洛在这个特殊时期被任命为副王，并非偶然。

在职业生涯中，桑托布奥诺亲王的身份已经证明他懂得与法国和西班牙宫廷中最重要的代表建立关系网络，并于18世纪20

---

[1] Valentina Favarò, *Pratiche negoziali e reti di potere. Carmine Nicola Caracciolo tra Europa e America（1694-1725）*, Soveria Mannelli: Rubbettino, 2019.

年代，利用菲利普五世的偏好加强在马德里的"意大利派"的实力。卡拉乔洛成为该集团的战略核心成员，特别是因为他与朱利奥·阿尔贝罗尼（Giulio Alberoni）神父的紧密联系，后者很快成为伊莎贝尔·法尔内塞（Isabel Farnese）王后的核心幕僚。

再次强调，我们并不关注马德里制定的政府理论是如何通过君主代理人的流动应用到王国不同地区——笔者认为这是一个对理解王权构建动态没有多大帮助的做法。相反，研究的重点在于探究其与当地精英的关系、个人抱负、利马的家族网络以及所属权力集团的巩固过程，以协调不同的目标和策略。

上述所有因素在史料中都清晰可见，从副王的公私信函到与各类关系人的往来文件均有所体现。就像对卡萨利的审查一样，通过"任期审查"可以了解一些关键因素，进而了解在实践中成功或失败的运筹逻辑，以及卡拉乔洛和其他卷入权力斗争中的政客，即所谓的桑托布奥诺党派及其亲属的关系网络。笔者可举一例来说明流动的重要性。这一流动性不仅使知识和经验的转移成为可能，而且实现了关系和人员的动态调整，是权力网络分支的关键节点。

在卡拉乔诺的案例中，我们可以找到两个具有代表性的人物——何塞·德·帕图（don Joseph de Patau）和路易斯·安布罗西奥·德·阿拉科恩（don Luis Ambrosio de Alarcón）。前者曾担任国王宫廷法院的法官，在西班牙居住期间与卡拉乔诺建立联系，并于1715年与他一同从加的斯出发，后来在利马被任命为打击走私法官。[1]

阿拉科恩在那不勒斯王国担任大法庭法官和圣克拉拉皇家委员会成员时认识了卡拉乔诺。他是一位"正直、热情和无私"的人，后来继续担任西印度委员会（Consejo de las Indias）成员和

---

[1] Archivo General de las Indias, Contratacion, leg. 5468, n. 2.

国王宫廷法院（Casa y Corte del Rey）的法官。① 1717 年，他被副王任命为胡安卡韦利卡矿山的总督，这一职位具有特别的重要性，因为它涉及秘鲁经济的关键领域，并且是副王权力行使过程中极为重要的保障因素。②

社会关系资本的逐步巩固和扩大有助于理解行动者在特定地域中流动与互动的动态联系，而社会关系资本的每一次经验积累都包含着其他地方行动者的参与（毫无疑问，这一分析参照了皮埃尔·布尔迪厄的研究）。

总的来说，研究这些不同领土与背景的案例，可以触及当今君主制研究的重要方向之一，即探究君主制的发展在多大程度上依赖马德里的顶层设计，或者依赖于特定地域的自主演变，以及是否可以建立一个二元时间轴。换句话说，探究君主制在多大程度上能够按照计划改变现实，以及与这种动态有关的要素是什么。

在分析经验传递的过程中，可以强调家族网络在权力行使中的重要性，尽管可能与理论不完全一致，但这些经验有助于定义治理实践。家族网络连接私人和公共领域的不同层面，成为理解维系君主服务和个人利益的关键因素。

四、他者：军事人员、奴隶、调解人

此外，如果我们进行更广泛的考察，可以在现代早期西班牙

---

① Archivo General de las Indias, Audiencia de Lima, Vol. 410, n. n., Lima, 14 Settembre, 1719.
② Archivio di Stato di Napoli, Archivio privato Santobuono, Vol. 39, n. n., Al viceré del Perù si ordina che avesse posto persona che governi ed abbia cura della mina di Guancavelica in forza della facoltà che per questo le sta concessa, informi che ricombense se le può dare, Madrid, 6 Luglio, 1716.

帝国找到诸多跨国职业案例。与副王的情况类似，步兵团与骑兵的军官、步兵团的指挥官或军舰舰长也不仅仅是执行从马德里下达的指令，而是扮演了不同需求阐释者的角色。因此，王国军事管理关键行动者的"跨国"经验，清晰地展现了行动者网络和当地经验的作用。

无论是关于政府人员的研究，还是对军事人员的分析，都可以观察到：在西班牙帝国这样复杂的体系中，天然存在着统治的多元性——其疆域在不同大陆扩张，而这些大陆拥有不同的法律、政治、经济和文化传统，每一次统治的实施都受到多重动态和利益的影响，且行动者各不相同，最终形成多中心君主制范式的二元性。

如果将领土扩张中对日益广阔且多元的疆域实施政治和军事控制等因素全部纳入讨论的范畴，并考虑到必须逐步形成新的领地治理文化来进行管理，便能为理解西班牙哈布斯堡王朝的形成过程提供新的视角。新的领地治理文化的形成来自权力行使和协商的多元互动。① 我们不能忽视，在帝国的每个地区，为了对政府问题提供具体的答案，像巴尔塔萨尔·阿拉莫斯·巴里恩托斯（Baltasar álamos Barrientos）或胡安·德·索洛尔扎诺·佩雷拉（Juan de Solorzano Pereira）这样来自世俗或者教会的政策顾问，受到已应用且常被制度化的经验启发，秉持"实践优于理论"的原则。②

在当前描绘的图景中，究竟何种纽带能够串联起这些个体经验的异质性？互动发生在哪些层面？这些人物在君主政体的不同

---

① José Javier Ruiz Ibánez and Gaetano Sabatini, "Monarchy as Conquest: Violence, Social Opportunity, and Political Stability in the Establishment of the Hispanic Monarchy", *Journal of Modern History*, Vol. 81, No. 3, 2009, pp. 501–536.

② Valentina Favarò, Manfredi Merluzzi and Gaetano Sabatini, eds. *Fronteras: Representaciones, Integraciones y Conflictos entre Europa y América*, s. XVI–XX, Madrid: FCE, 2017.

空间内，其行动究竟具备多大可能性来引导、巩固、削弱或以其他方式施加影响？难道仅仅是制度层面的流动促进了整合，并作为交换思想、知识或各类资本的唯一载体吗？答案显然是否定的。

在"制度层面"之外，还存在"他者"，他们回应的并非政治需求，而是经济和商业需求。因此，我们可以识别出行动者、中间人，以及以多种方式塑造了这一流通领域的群体。在这个领域中，除了联系和交流，行动还会遭遇抵制并引发各类回应，这些回应有助于界定不同群体的身份。

五、结论

笔者认为，本文所使用的方法论框架，以及卡萨利和卡拉乔洛的案例，既有助于超越将西班牙君主制仅看作独立空间简单叠加的视角，也能为更注重政治和地理空间关联性的解释提供支撑，这些关联使得融合、利益叠加、横向交流、经验沉淀及关系网络构建成为可能。这是一个新的视角，与其他观点相比能够更深刻地理解西班牙君主制的整体运作方式，在领土分析的范围内纳入政治参与者、帝国背景和协商实践等变量。

从这个角度来看，跨国职业成了一个有用的工具，有助于超越对权力行使和治理形式的研究，凸显社会关系资本的重要性，以及它是如何被保护、巩固和增加的。因此，官员流动性的价值与那种由政治中心统一规划并在王国不同领土上转化为治理实践的政治理论媒介的价值，存在本质区别。

这种流动性是一种连接和沉淀的过程，它汲取个体行动者停留在同一地点期间积累的经验，这段时间里，个体行动者与当地机构和精英互动，为晋升之路奠定基础。这条晋升之路不是事先确定和规划好的，而是根据不断变化的机遇和作为个人、家族和派系成员、王权代表参与各种行动的结果，逐步演变和塑造而成的。

理解路径的流动性并不意味着赋予选择或愿望追求一个不合时宜的价值，而是可以为我们呈现一幅非典型线性的轨迹图像，其中，跨国职业发展是多种因素共同作用的结果，这些因素与外部需求、在其他地方开始的协商、通过直接或间接的方式支持和资助地位不断晋升主体的兴衰相关。

Personnel Mobility, Network Construction, and Spatial Connections Between the Mediterranean and the Atlantic in the 17th and 18th Centuries

Abstract: This article examines the mobility of people in the context of Spain's absolute monarchy from the 17th to the 18th century, and its role in the construction of geopolitical spaces. Through two specific case studies, this article illustrates how transnational occupations and mobility play a key role in forging interconnected geopolitical spaces, and analyzes the role of personal experiences in this process.

Keywords: Spain; Absolute Monarchy; Personnel Mobility; Actor-Network Theory; Case Study